W9-BKW-944

FOREST BOOKS

MODERN FRENCH POETRY

Martin Sorrell is Lecturer in French, University of Exeter, a post he has held since 1970. He studied French and Spanish at Oxford, then wrote his PhD thesis at the University of Kent on modern French poetry. He has published several essays and articles on poetry and theatre, in which he specialises. His book *Francis Ponge* was published by GK Hall, Boston, in 1981, as part of the Twayne World Authors series, and his critical edition of Banville's *Rondels*, by the University of Exeter, 1973. He has translated important Dadaist and Surrealist works, including a piece by Arthur Cravan which won a prize in the British Comparative Literature Association's Translation Competition of 1983. His English versions of Corbière, Laforgue, Rimbaud, Verlaine, Apollinaire, Bonnefoy and others have appeared in various reviews, and one has been broadcast on national radio. He has written a radio drama for the BBC on the Victorian heroes Walter Peart and Harry Dean. In 1982, he co-founded a French-speaking touring theatre company, *Bac to Bac*, based in Exeter and London, for which he has acted, directed, written and translated.

Modern French Poetry

**A BILINGUAL ANTHOLOGY
COVERING SEVENTY YEARS**

FOREST
BOOKS
London & Boston

Selected & Translated by Martin Sorrell
Introduced by Lawrence Sail

FOREST BOOKS

20 Forest View, Chingford, London E4 7AY, U.K.
61 Lincoln Road, Wayland, MA 01778, U.S.A.

FIRST PUBLISHED 1992

Typeset in Great Britain by David Hill,
Project Pallas, Exeter University
Printed in Great Britain by BPCC Wheatons Ltd, Exeter

Translations © Martin Sorrell
Introduction © Lawrence Sail
Cover Design © Ian Evans
Original poems © see acknowledgements

ALL RIGHTS RESERVED

British Library Cataloguing in Publication Data:
Modern French Poetry:
a bilingual anthology covering seventy years

841.008

ISBN 1856100057

Library of Congress Catalogue Card Number
91–72163

Forest Books gratefully acknowledge financial support for this
publication from the British Academy and the
French Ministry of Culture
also from the Arts
Council of Great Britain

For my parents
who know what this means . . .

Contents

Contents

Contents

Introduction

In considering the poetry of the French, their distant near neighbours, the British have often enough presented symptoms of discomfort or even alarm as well as of admiration and recognition. Despite Pound and Eliot, despite so much shared in terms of history and language, a wary ambivalence can still persist. For all the suavity of the French language, its undeniable elegance and *éclat*, isn't there something unacceptable about so much shameless abstraction, such swift commuting between the individual and the infinite? Hasn't the natural world, so potent a force in English poetry, here been reduced to rhetorical flourish or a collection of surreal props? Isn't the voice of modern French poetry too often the formless, reflexive rambling of a *voix intérieure*, a plangent descendant of a tradition of *déclamation* with the controls gone? Such can be the doubts of the English reader who is ready to over-simplify and who forgets that every tradition has its own virtues and dangers: if recent French poetry can sometimes come close to autolatry, the world of English poetry can risk self-indulgent lushness or arbitrary cleverness.

Here, by way of welcome reminder and redress, are the individual voices of eleven poets. What many of them have in common is a preoccupation with time expressed as space, the sense that to write poetry now is to walk close to the margins of darkness and silence. In exploring what it may still be possible to express in this context (or to salvage – the vein of an inherited Romanticism is clear to see), there is a broad variety of approach and of poems to enjoy.

From the oddly effective compounds of the bourgeois and the surreal in the work of Pierre McOrlan (born in 1882 and the earliest poet represented) to the poems of the youngest writer in the book, Jean Daive (born 1941), with their charting of isolation and the possibilities of love, the selection includes Jules Supervielle's zestful explorations of the planet; Robert Desnos, remarkable for his verbal dexerity and poignancy; the populist compassion of Jacques Prévert, sentimental but stubborn; Louise Herlin's urban landscapes which are counters of time passing; the delicately poised world of Philippe Jaccottet's poems, where light flares fitfully against a gathering darkness; Joyce Mansour's entirely individual poems, erotic, angry, anatomical by turns; Marie-Claire Bancquart's restless enquiry into identity; Anne-Marie Albiach's challenge to the structures of language and of poetic expression; and Danielle Collobert's view of language as itself the subject and object of enquiry as well as its means. One way and another there is plenty here to introduce the English reader to something of the breadth and energy of recent French verse.

Martin Sorrell's English versions faithfully transmit the substance and intention of the originals. He is particularly successful when rising to the challenge of such linguistically playful poems as Mansour's *De l'âne à l'analyste et retour* or the delightful Desnos punning version of the Lord's Prayer. Many of his translations, by their refusal to be showy, also acknowledge the limitations which they have to confront simply by virtue of the inherent differences between the two languages. Here one example must stand for many – compare this text by Collobert with the translation that follows:

Comme mort le texte enfoui
quand réduit muet – rendu – seul dans son espace – se raconte
– s'improvise faits et gestes – banissement solitaire–
s'éparpille – dilaté – son corps en expansion –

As if dead the buried text
wordless when reduced – rendered – alone in its space –
accounts for itself – improvises its facts and gestures –
solitude of exile – scatters itself – dilated – its body
swelling –

Accurate as this is, it simply cannot convey the effect of the resonance produced by the sounds and rhythms of the French. What makes this more than a peripheral point is the concern of much modern French poetry to evoke pause, isolation, eerie stillness. What may have body and soul read in French can read in English as flat statement. This said, the realisation of such difference can still be seen as energizing and positive – not only an argument in favour of bilingual anthologies, but a true celebration of the *tension cordiale* which has always characterised the best of Anglo-French relations.

Lawrence Sail

Translator's Foreword

There is a tendency on both sides of the Channel to codify artistic uniqueness, to frame it in theory. This can be useful, up to a point. But there are many cultural wild animals, and they resist the cages of systems and 'isms'. Equally, it is reductive to speak of 'The French Character', as if it were monolithic, or 'The French Temperament', 'French-ness' (or 'English-ness', 'Russian-ness' etc., etc.) . . . So many flags of convenience.

In making my selection for this anthology, I have wanted, rather, to point up the individuality of some fine poets at work in France over the last seventy years or so. They surely demonstrate if anything that modern French poetry works within a plurality of quite distinct traditions, not just one. The pool of talent from which to draw is of course enormous. Making a selection as short as this was initially a headache, then it turned into a pleasure, once I accepted the principle that one chooses (and certainly one translates) best what one likes and admires. More objectively, I have sought to represent as much as possible the sheer diversity of styles created by exponents of a prosody which notoriously runs the risk of getting clogged up in its own technical demands and constraints. And so, alongside formal poems of regular rhyme and line-length, there are pieces which are very much 'libéré' and 'libre'; there are prose poems, for some critics still the 'bêtes noires' of poetry, despite the radiant, incontrovertible legacy of Rimbaud. My aim has been to provide English *poems* alongside the original French, taking my cue from Beckett's simple but so totally right translation of Rimbaud's 'dix nuits' as 'nine nights', and Martin Bell's exciting 'Look for me in the shadow, a bereft one, disconsolate' for Nerval's 'Je suie le veuf, le ténébreux, l'inconsolé'.

Eleven poets share this book. Some, like Supervielle,

Desnos and above all Prévert, are familiar names. Others are not; McOrlan, for example, wrote a large number of fine tone prose-poems, and he deserves to be better known. Jaccottet is one of the most highly regarded poets writing in French at the moment, and for my taste he is superior to the equally admired Bonnefoy. Daive has a controlled bitter-sweet lyricism couched in angular language. None of the five women poets represented, with the exception of Mansour, has appeared before in an English anthology, to the best of my knowledge. Collobert and Albiach are as unrestrained and adventurous as any of the poets here, while Mansour has solid Surrealist credentials, and Herlin and Bancquart are more orthodox technically, but powerfully eloquent.

Some of these poets have been translated into English before, often more than once. Others never have been. Necessarily, major names have been left out (Valéry, Apollinaire, Eluard, Michaux, Char, Ponge, etc.). A selection must be just that, without further apologies. Paul Auster's splendid anthology of 1982 includes as many as forty-nine poets in its six hundred or so pages. Yet still one could look at the gaps (and ask why there is only one woman present at that male convention). In the end, one can only please positively, as it were, with what is there, with the choices made and with the English versions offered as an accompaniment . . . and then forget about absentees.

I would like this selection to introduce an eclectic body of writing to those readers who are not at all familiar with 20th Century French poetry; to put before the more initiated reader a few of the most recent poets who are comparative newcomers, even in France; and, generally, to offer English equivalents with a life of their own but which remain loyal to the poems which bore them. I hope there has been no treachery.

One detail may need explaining. Although chronologically McOrlan should be the first poet encountered in this anthology, I was reluctant to start a book of poetry with a set of unusual prose poems. Supervielle is more orthodox, and makes for a gentler beginning.

I want to record some debts of gratitude. To Roger Pensom, Michael Pakenham, Ron Tamplin, and my much-missed colleague Jean Biard, for keeping me up to the mark, though they may not have known that this was what they were doing. To Keith Cameron, Penny Amroui and David Hill, for making sure that all this passed from the coffee and cigarette stage into a book. To Liza Kapff, both for proof-reading and for some inspired, quicksilver 'mots justes'. To Mlle Tourdes and M. and Mme Jean-Christophe Benoit, for the warmth of their welcome at Chéroy, where much of the translation was done. To Lawrence Sail, for reading my entire manuscript in detail and making a number of shrewd suggestions for improvement. And to Claire, critical only in matters of taste, who showed me when to leave well alone.

Martin Sorrell

The Poems

JULES SUPERVIELLE

Comme un boeuf

Comme un boeuf bavant au labour
le navire s'enfonce dans l'eau pénible,
la vague palpe durement la proue de fer,
éprouve sa force, s'accroche, puis
déchirée,
s'écarte,
à l'arrière la blessure blanche et bruissante,
déchiquetée par les hélices,
s'étire multipliée
et se referme au loin dans le désert houleux
où l'horizon allonge
ses fines, fines lèvres de sphinx.
Les deux cheminées veillant dans un bavardage de fumée,
le paquebot depuis dix jours,
avance vers un horizon monocorde
qui coïncide sans bavures
avec les horizons précédents
et vibre d'un son identique
au choc de mon regard qui se sépare de moi,
comme un goéland, du rivage.
O mer qui ne puise en soi que ressemblances,
et qui pourtant de toutes parts
s'essaie aux métamorphoses,
et vaine, accablée par sa lourdeur prolifère,
se refoule, de crête en crête, jusqu'au couperet du ciel,
mer renaissante et contradictoire,
présence fixe où hier tomba un mousse
détaché d'un cordage comme par un coup de fusil,
présence dure qui, la nuit,
par delà les lumières du bord et la musique cristalline,
et les sourires des femmes,
et tout le navire, rêves et bastingage,
vous tire par les pieds

JULES SUPERVIELLE

Like an ox

Like an ox streaming saliva, yoked to the plough,
the ship forces through shattering water,
the hard wave slaps the metal prow,
tests its strength, gets a grip, then,
ripped up,
falls back,
behind the white hissing wound,
and torn to pieces by the blades,
spreads out its many shreds,
laying them in plaits on the breathing desert
where the horizon settles
its fine, thin sphinx's lips.
The funnels stand watch in a gossip of smoke.
Ten days the steamer's been moving
towards the single-tone sky
seamlessly joining
previous horizons,
and vibrating with the same sound
as my stare detaching itself
from me, like a gull leaving the shore.
Oh the sea... bringing just mirrors to its surface,
it would rather have change
in every quarter...
vain sea, put upon by spreading weight.
Its convoys go under the sky's knife, crest by crest.
New, contradictory sea, fixed presence.
Yesterday a deckhand fell
catapulted from the rigging like a rifle-shot.
Hard presence which by night,
beyond deck-lights and crystal music
and smiles of women,
and the whole ship, dreams and deck rail,
pulls you by the feet

à six mille mètres de silence
où l'eau rejoint une terre aveugle pour toujours
dans un calme lisse et lacustre, sans murmures;
O mer, qui fait le tour du large,
coureur infatigable,
quelle nouvelle clame-t-elle
dans l'atmosphère avide où ne pousse plus rien,
— pas une escale, pas un palmier, pas une voile, —
comme après une déracinante canonnade?

down six thousand metres of silence,
down to where water joins blind eternal land
in soundless lake-smooth calm.
Oh sea... what is it shouting
on its unquenchable run
around the rim of the circle
in the keen atmosphere of utter barrenness?
— Not a port, not a palm-tree, not a sail,
like the aftermath of cratering cannon fire.

La Sphère

Roulé dans tes senteurs, belle terre tourneuse,
Je suis enveloppé d'émigrants souvenirs,
Et mon coeur délivré des attaches peureuses
Se propage, gorgé d'aise et de devenir.

Sous l'émerveillement des sources et des grottes
Je me fais un printemps de villes et de monts
Et je passe de l'alouette au goémon,
Comme sur une flûte on va de note en note.

J'azure, fluvial, les gazons de mes jours,
Je narre le neigeux leurre de la Montagne
Aux collines venant à mes pieds de velours
Tandis que les hameaux dévalent des campagnes.

Et comme un éclatant abrégé des saisons,
Mon coeur découvre en soi tropiques et banquises
Voyageant d'île en cap et de port en surprise
Il démêle un intime écheveau d'horizons.

Sphere

Rolled in your fragrances, beautiful turning Earth,
Folded in emigrant memories,
Freed from shy attachments, my heart
Looks to the future with flooding pleasure.

Under a marvel of grottoes and fountains
I fashion a springtime of mountains and towns
Passing from skylark to seawrack
Like the flautist's fingers gliding down.

My rivers wash with blue the lawns of my days.
I tell the eager hills at my velvet feet
About the Mountain's snowy trap.
Hamlets tumble down open fields.

And like a dazzling summing-up of seasons,
My heart is full of tropics and ice-floes.
From island to cape, from port to surprise,
It combs out its twist of inner horizons.

Voyageur, voyageur

Voyageur, voyageur, accepte le retour,
Il n'est plus place en toi pour de nouveaux visages,
Ton rêve modelé par trop de paysages,
Laisse-le reposer en son nouveau contour.

Fuis l'horizon bruyant qui toujours te réclame
Pour écouter enfin ta vivante rumeur
Que garde maintenant de ses arcs de verdeur
Le palmier qui s'incline aux sources de ton âme.

Traveller, traveller

Traveller, traveller, accept you must go back,
You've no room left for new faces.
That dream moulded by too many places,
Leave it be in its new contour, relax.

Turn from the loud horizon you still find tempting,
And hear at last your true self which stirs.
And may the sentinel palm's astringent curves
Bend their attention to your soul's spring.

Serai-je un jour

Serai-je un jour celui qui lui-même mena
Ses scrupules mûrir aux tropicales plages?
Je sais une tristesse à l'odeur d'ananas
Qui vaut mieux qu'un bonheur ignorant les voyages.

L'Amérique a donné son murmure à mon coeur.
Encore surveillé par l'enfance aux entraves
Prudentes, je ne puis adorer une ardeur
Sans y mêler l'amour de mangues et goyaves.

N'était la France où sont les sources et les fleurs
J'aurais vécu là-bas le plus clair de ma vie
Où sous un ciel toujours vif et navigateur
Je caressais les joncs de mes Patagonies.

Je ne voudrais plus voir le soleil de profil
Mais le chef couronné de plumes radieuses,
La distance m'entraîne en son mouvant exil
Et rien n'embrase tant que ses caresses creuses.

Some day shall I be

Some day shall I be the one who let
Old qualms ripen on tropical beaches?
I know sadnesses fragrant with pineapple,
Sweeter than stay-at-home happiness.

The Americas murmured life into my heart.
Cautioned by childhood's long lessons
I must enrich pure ardour
With a love of mangoes and guavas.

If it weren't for France's fountains and flowers,
I'd have lived the best part of my life out there
under a sharp cartographer sky,
caressing the rushes of my Patagonias.

I'd sooner not see the sun in profile,
Rather a head crested with radiant feathers.
Distance drags me in its exodus.
Nothing scorches more than its dry kiss.

Regrets de France

La lune dans l'étang
Se souvient d'elle-même,
Veut se donner pour thème
A son enchantement,

Mais sa candeur précise,
Au frais toucher de l'eau,
De délices se brise,

Et flotte la surprise
Des lunaires morceaux.

Le vent couleur de ciel, puérilement pur,
Frotte le feuillage d'azur
Et, comme gorgé d'ambroisie,
Le vert palpitant s'extasie.

Le vent s'éloigne et fait le mort.

Puis, à pas d'ombre, approche et veloute une gamme
Sur le clavier des platanes
Où soudain, violent, il écrase un accord,
Etourdi,
Comme s'il tombait d'un coup du Paradis
Et n'avait, encore céleste,
Sa petite cervelle terrestre.

Missing France

The moon in the pond
Remembers itself,
Wants to give itself
As theme for its spell,

But its precise candour
Touched by fresh water
Shatters with pleasure,

And up floats the surprise
Of many lunar eyes.

The sky-coloured wind, childishly pure,
Rubs the azure foliage
And, as if gorged on ambrosia,
Pulsing green goes into raptures.

The wind withdraws, feigning death.

Then, moving like a ghost, it approaches the plane-trees
And plays a velvet octave on its keys,
Then suddenly violent crashes a thoughtless chord,
As if falling straight from Paradise,
As if still celestial being as yet
Without its small terrestrial brain.

Troussant et brouillonnant l'ombre avec la lumière
Il enveloppe et subtilise presque
La frondaison entière
Comme un jongleur, avec des gestes d'arabesques,
Puis alangui, s'interrogeant, il se fait brise
Et le feuillage tend vers l'émeraude fixe.

Gathering and jumbling shade and light
It envelops, almost dissolves
The whole foliage
In its juggler's arabesques, its sleights
Of hand. Then languid, self-questioning, it becomes
Breeze and the leaves point to hard emerald.

La Terre

Petit globe de cristal,
Petit globe de la terre,
Je vois au travers de toi
Ma jolie boule de verre.

Nous sommes tous enfermés
Dans ton sein dur et sévère
Mais si poli, si lustré
Arrondi par la lumière.

Les uns: ce cheval qui court
Une dame qui s'arrête
Cette fleur dans ses atours
Un enfant sur sa planète.

Les autres: assis à table
Ou fumant un petit peu,
D'autres couchés dans le sable
Ou chauffant leurs mains au feu,

Et nous tournons sur nous-mêmes
Sans vertige et sans effort
Pareils au ciel, à ses pierres
Nous luisons comme la mort.

Earth

Little crystal globe,
Little globe of Earth,
I look and see past you
My pretty ball of glass.

We're all shut inside
Your hard, severe, but
So polished, so shining,
Rounded-by-light, breast.

Some: this horse running,
A woman who stops,
This flower in its finery,
A child on its planet.

Others: sitting at table
Or smoking a little,
Others lying on sand
Or by the fire warming their hands.

And we spin round on ourselves
Without effort or vertigo,
Like the sky, like its stones;
And like death we glow.

Voyages

Je ne sais que faire aujourd'hui de la Terre
De ce pic en Europe, cette plaine en Australie
Et de cet orage en Californie.
Cet éléphant qui sort tout ruisselant du Gange
Il me mouille en passant mais n'a rien à m'apprendre.
Que peut l'oeil d'un éléphant devant l'oeil d'un homme
                                                    sensé
Et dans la force de l'âge?
Je ne sais que faire de ces femmes un peu partout
Sur la Terre plus ronde qu'elles.
Femmes, allez à vos occupations
Ne vous mettez pas en retard.

Voyages

Today I don't know what to do with the Earth
With this mountain peak in Europe, this Australian plain,
This Californian storm.
Water falling from this elephant stepping from the Ganges
Wets me but teaches me nothing.
What can an elephant's eye do against the stare of a
                                      sensible man
At the peak of his powers?
I don't know what to do with these women everywhere
On this Earth rounder than they are.
Women, do what you have to do.
You mustn't be late.

Retour à Paris

Je voudrais vivre de mes souvenirs à petites bouffées
et que ne seraient-ils la rente fumeuse de mes voyages.
Mais ils veulent que je m'occupe d'eux tous en même
                                                    temps.
Heureux celui qui dit: Entrez!
et ne voit s'avancer qu'un seul souvenir très déférent.
Voici des images de tous les formats, retour de voyage,
des tiroirs qui n'entrent pas tous dans les vides de mes
                                            vieilles commodes,
un bois de cèdres au naturel,
des troupeaux de moutons coulant comme des fleuves,
des cataractes effroyables qui semblent tomber de
                                                l'au-delà,
et une pampa près de quoi la véritable
n'est qu'un bout de terrain vague des environs de Paris.
Comme je serais heureux d'envoyer le tout chez
                                        l'encadreur,
et qu'il n'en soit plus question!
Mais peut-être m'habituerai-je à ces choses de toutes les
                                                    tailles
que je porte en moi et autour de moi
et finirai-je par montrer l'embonpoint moral
de la marchande de l'avenue du Bois
qui a de grands et de petits cerceaux
et du réconfort pour tous les âges!

Return to Paris

I'd like to taste my life again in little
smoke-rings of memory — couldn't they be
my soft-edged securities at journey's end?
But they clamour with one voice for my attention.
That person is lucky who can call out "Enter!"
and see just one shy memory come in.
Here I have images of all shapes and sizes,
drawers which don't quite fit the empty oblongs of my
                                        old chests,
a wood of cedar trees,
flocks of sheep flowing like rivers,
frightful cataracts falling from another world, it seems,
and a pampas which makes the real thing
seem like a wasteground
on the edge of Paris.
How I'd like to pack the lot off to the picture-framer
and have done!
But perhaps I'll get used to these things I carry in me,
these various size things around me,
and I'll end up morally stout
like the comfortable lady
selling balms for all ages and hoopla
for children on the Avenue du Bois!

Voici venir des charpentiers,
des égorgeurs,
des sages-femmes.
Entrez, mes chers metteurs en ordre,
je ne vous demande qu'une grâce,
ne touchez pas à ce que j'appellerai mon âme,
      accessoire trop délicat pour vos grosses mains
      ouvrières,
ni à mon casque des colonies
qui me fut donné par une famille d'indigènes
un dimanche,
sous l'équateur,
ne touchez pas à ces choses

je vais repartir.

Here come carpenters,
cut-throats,
midwives.
Come in, my dear creators of order,
I'll ask only one favour,
not to touch what I shall call my soul,
      too delicate an accessory for your rugged
      workers' hands,
nor my tropical helmet,
a present given me one Sunday
below the Equator
by a native family.
Don't touch these things

I'm off again.

Matinale

Mon âme donne sur la cour
Où quelques canaris pépient,
Une bonne dans l'ombre pie
Repasse ses vieilles amours.

Le lait du petit jour qu'on monte
Propose une âme et de l'espoir
Aux anneaux de l'escalier noir
Où tintent ses promesses promptes.

Ce sont les bruits clairs du matin,
Le jour nouveau qui me visitent,
Et ni moins vite, ni plus vite
Les pas serviles du destin.

Ce sont mes jambes de trente ans
Qui filent vers la quarantaine,
Sans que ni l'amour ni la haine
Ne les arrêtent un instant.

Je retrouve à la même place
Mes os d'hier et d'aujourd'hui,
Parmi la chair vive et sa nuit
Mon coeur m'encombre et me grimace.

Early in the morning

My soul looks over the courtyard
Where canaries are chirping.
Ironing in the solemn shade
A maid goes over former loves.

The dawn milk carried up the stairs
Proposes hope offers a soul
To the banister's dark annulets,
Clinking with prompt promises.

These are the bright sounds of morning,
The new dawn visiting me,
And neither faster nor less fast
The servile steps of destiny.

These are my thirty-year old legs
Speeding towards forty.
It won't be either love or hate
Holds them up a single moment.

In the same place again
I find my old bones and today's.
In my night-wrapped living flesh
My heart hangs its weights, grinning.

PIERRE McORLAN

La boucherie chevaline

— Je ne sais pas ce que vous avez fait manger à mon mari, mais depuis qu'il a goûté à ce faux filet que j'ai acheté chez vous, samedi dernier, le pauvre homme est malade. Il ne prononce plus que des mots nobles comme ceux que l'on peut lire dans les textes des films à épisodes où les passions du coeur humain sont comparées aux vagues de la mer. Le médecin m'a dit que je devrais le nourrir provisoirement avec du boeuf.
— C'est peut-être, madame, que votre mari a mangé de ce fameux cheval Pégase que j'ai acheté à l'équarrisseur. Et pourtant, hélas! j'étais de bonne foi.

PIERRE McORLAN

The horse butcher

"I don't know what it was you gave my husband to eat, but ever since he got stuck into that sirloin I bought from you last weekend, the poor man hasn't been well. Now he can only speak in a refined, noble sort of language, like all that stuff about waves of passion and waves in the sea when you go to the pictures on Saturday nights. The doctor said to give him beef for the time being."
"Perhaps what's happened, madam, is that your husband has eaten some of that famous Pegasus I bought off the slaughterman. No harm intended, honest!"

Le Bougnat

Dans cette boutique dédiée aux forêts découpées en rondins, le margotin parfume le casier à bouteilles.
Les filles du quartier s'y réunissaient en 1900 pour boire et discuter le coup. Il y avait: Angèle la Normande, Baïa l'Algérienne, Marie la Bretonne et la femme à Henri le Marseillais.
Aujourd'hui, elles se mêlent à la terre de Pantin avec les accessoires de leur jeunesse et les expressions fugitives de la langue d'argot.
Dans leur cercueil réglementaire sont enfouis les «Tu as des visions» et les «Et comment», qui leur donnaient une personnalité.
Il faut écrire sa vie dans un style à peu près classique.

The wood merchant's parlour

In that shop which deals exclusively in forests sawn into
logs, the smell of bundled wood has spread through the
bottle-rack.
In 1900, the local street-walkers would gather here to
have a drink and a natter. There was Normandy Nell,
Baïa of Baghdad, The Quimper Queen, and Marseille
Harry's woman.
Today, they and the accessories of their younger years,
and the fleeting expressions of their slangy tongues, lie in
the earth of Pantin.
In their regulation coffins are buried the "Haven't you
seen one before?" and "Not when I'm working, love",
which gave them personality.
The life of this shop should be written up in a more or less
classical style.

Pierre McOrlan

Produits coloniaux

L'aventure tient dans une poussette à trois roues. Elle
habite le coeur du petit négoce comme un ver dans le
noyau d'un fruit. Quand tout le monde y met du sien, cela
peut devenir les docks de la Tamise, depuis Shadwell
jusqu'à Barking.

Une petite poussette sur la route de la Ferté-sous-Jouarre
à Montmirail, cela fait sourire les jeunes filles méprisan-
tes. Mais cent mille poussettes sur les routes du monde:
c'est le plus beau cortège matrimonial que puisse offrir un
radjah dégoûté de ses vieux éléphants de famille.

Produce from the colonies

The adventure is all in a three-wheel pushchair. It lives in
the heart of the small business premises like a worm in a
fruit-stone. When everybody puts their backs into it, then
it can become the East End docks, between Shadwell and
Barking.

A little pushchair on the road from La-Ferté-sous-Jouarre
to Montmirail, that makes the scornful girls smile. But a
hundred thousand pushchairs on the roads worldwide —
that's the finest bridal procession which could be offered
by a rajah sick of his old family elephants.

Pierre McOrlan

Le coiffeur

Cette boutique dans telle petite rue que je connais est
comme un bonbon sale oublié dans une boîte à clous.
A la devanture, genre musée Tussaud, une figure de cire
impose des manières abolies.
C'est la revanche posthume de Mme de Lamballe contre
les exagérations populaires. Sa morgue est bien celle
d'une ci-devant qui ne craint plus rien. La pique qui éleva
cette tête jusqu'à la célébrité est aux mains de l'allumeur
de becs de gaz.
La tête de la malheureuse princesse est mieux coiffée que
la République et l'avantage qu'elle possède sur cette
dernière est de savoir que les parties médianes de son
corps se trouvent dans le cabinet de lecture de quelques
bibliophiles.

The hairdresser's

This shop in a little road I know is like a grubby sweet left
in a tin of tacks and nails.
In the window, like something out of Madame Tussaud's,
a wax figure cuts an out-of-date dash.
It's Madame de Lamballe's posthumous revenge over the
exaggerations of the crowd. Her haughty look is well and
truly the look of a faded aristocrat who has nothing left to
fear. The pike which lifted this head into legend is firmly
in the hands of the gas company employee.
The unfortunate princess's head sports a nicer hair-do
than Marianne, the symbol of the Republic. The princess
also scores by knowing that the various parts of her torso
are safely tucked away in some book-lovers' reading-
rooms.

Pierre McOrlan

Le marchand d'accessoires

Les jardins en papier sont peut-être plus riches en souvenirs que les jardins suspendus de Babylone, où l'on voyait trop les uns chez les autres.

J'aime ces chrysanthèmes musicaux, ces tournesols dont on ne mâche pas la graine et qui déçoivent les paysannes de l'Ukraine en jupes lourdes et sans culottes. J'aime ces parapluies lunaires tels que l'imagination enfantine des astrologues romanesques les a conçus; ces roses qui ne défleurissent que dans le seau de toilette et ces petits moulins qui font tourner la tête fragile des idiots.

Ces boutiques offrent en mieux ce que peut offrir de divin une revue montée au Moulin Rouge.

Si je pouvais placer une reine au milieu de ce royaume sans maître, je choisirais Mlle Mistinguett.

Ce royaume, tout compte fait, vaut trois cents francs au cours du jour. Mlle Mistinguett n'acceptera pas cet hommage des parades de la rue.

Il faut songer aux responsabilités.

The accessories shop

The paper gardens are perhaps richer in memories than
the hanging gardens of Babylon where you could see too
easily into one another's houses.
I love these musical chrysanthemums, these sunflowers
with unpressed seeds disappointing Ukrainian peasant
women in their heavy skirts and no drawers. I love those
lunar umbrellas dreamt up by the child-like imaginations
of romantic astrologers; roses shedding their petals only
in slop-buckets; and little windmills which turn the frail
heads of simpletons.
These shops do a better magic show than the one offered
by the Moulin Rouge.
If I were allowed to enthrone a queen in the heart of this
leaderless realm, I would choose Mistinguett.
When all's said and done, this realm is worth three
hundred francs at today's prices. Mistinguett wouldn't
accept such a homage of street parades.
People have to think of their responsibilities.

La femme accumulateur

C'est un jouet scientifique pour les enfants.
La chevelure de cette femme crépite comme une peau de chat.
Les étincelles brillent au bout de ses doigts comme la rosée aux extrémités élancées des fléoles, le matin, dans les vieux champs de nos vieux dieux.
Des courants électriques la traversent du nord au sud et, à elle seule, elle représente une installation coûteuse.
Quand elle est isolée, le soir dans son garni, elle s'amuse encore pour gagner quelques sous à recharger les batteries des automobiles modestes. Elle reste ainsi pendant des heures à méditer sur des sujets anciens.
Elle rêve d'une lampe à huile qui s'éteindrait dans un doux bruit de pompe et de la force lente de l'eau des sources qui met un siècle pour creuser une rigole dans le roc.
Elle rêve également, qu'elle attrape les éclairs, d'un revers de main, comme des mouches, pendant des nuits d'orage.
Et cela lui donne des fourmillements dans les coudes.

Battery woman

It's a scientific toy for children.
This woman's hair crackles like the skin of a cat.
Sparks crackle at the tips of her fingers like morning dew
on the slender ends of timothy grass in the old meadows
of our old gods.
Electric currents criss-cross her from north to south, and
she alone represents a costly installation.
When at night she's isolated in her rooms, she makes a
little money on the side by recharging the batteries of
small motor-cars. Thus she can remain for hours at a
stretch meditating on old subjects.
She dreams of an oil-lamp going out with the soft sound
of a pump, she dreams of the slow force of spring water
taking a century to wear a rivulet into the rock.
She dreams too that with a dart of her hand she can catch
lightning, like flies, on nights of thunder. And that gives
her pins and needles in the elbows.

Pierre McOrlan

Le cirque moderne

Un éléphant sur une boule offre un spectacle shakespearien.

Une écuyère rose à travers un cerceau de papier est une fleur jetée à la face du Diable.

Un clown enfariné dans sa robe qui l'habille comme une flamme de punch est également un spectacle shakespearien!

Le cirque est une réclame ingénieuse payée par l'éditeur de Shakespeare et le tirage de ses oeuvres s'en ressent.

Il n'y a pas très longtemps que les écrivains les plus délicats ont découvert que le jeu du clown était un effort shakespearien. Les clowns en sont encore tout remués.

D'autant plus que le soir, sous la lampe de famille, le père clown, tout en lisant *le Petit Parisien*, contemple, à la dérobée, la clownesse qui reprise les chaussettes d'une douzaine de tout petits clowns qui vont à l'école laïque du XVIIIe arrondissement.

38

Pierre McOrlan

The modern circus

An elephant on a ball presents a Shakespearean spectacle.
A lady circus-rider in pink coming through a paper hoop
is a flower thrown in the Devil's teeth.
A flour-face clown in his punch-flame suit is just as much
a Shakespearean spectacle!
The circus is ingenious publicity paid for by
Shakespeare's publisher, and the print-run of his works
enjoys the benefit.
Not so long ago, the most subtle writers discovered that
the clown's performance was a Shakespearean endeavour.
The clowns are still trying to digest this.
Especially as, of an evening in the family lamplight, father
clown takes a furtive peep from behind his evening paper,
and watches his lady-clown-wife darning the socks of a
dozen tiny clowns who attend the local school in their
arrondissement, the 18th.

39

Pierre McOrlan

La bascule

Cette petite attraction ne tient pas de place et n'exploite qu'une vérité. C'est une fleur champêtre égarée dans une fissure de l'asphalte. Les clients qui fréquentent «la bascule contrôlée» sont ennemis du bruit et des fanfares. Ils seraient, pour ainsi dire, honteux qu'un jazz-band accompagnât leur geste qui garde une pudeur charmante. Timide et muet sur le plateau de la balance, le client attend patiemment que le patron de l'attraction ait posé à leur place les poids nécessaires à la bonne réussite du tour.

Voici cinquante kilogrammes, cinquante-cinq kilogrammes; on pourrait aller ainsi jusqu'à la tonne, si les avantages du client l'exigeaient. Quand le client a été pesé, il descend du plateau et regarde autour de soi. Il se sent tout drôle et ne sait plus au juste ce qu'il va faire pour occuper son jour de congé.

Alors, il rentre dans sa demeure en essuyant les murs avec les manches de sa jaquette du dimanche.

Pierre McOrlan

The weighing-machine

This little attraction takes up no room and deals with only one truth. It's a flower of the fields strayed into a crack in the asphalt. Clients who gravitate to the "regulated scales" are enemies of noise and fanfares.

They'd be ashamed, so to speak, if a jazz-band accompanied their oh so charmingly modest movements.

Timid and silent on the scale's platform, the client patiently waits for the owner of the attraction to put in their right place the weights necessary to the success of the trick.

Fifty kilos go on, fifty-five kilos, and so on... up to a ton, if the client's substantial advantages should insist. When he's been weighed, the client gets off the scales and looks around. He feels very funny and doesn't in fact know what he's going to do to fill his day off.

So he goes back to where he lives, running the sleeve of his best suit along the walls.

ROBERT DESNOS

Notre paire

Notre paire quiète, ô yeux!
que votre «non» soit sang (t'y fier?)
que votre araignée rie,
que votre vol honteux soit fête (au fait)
sur la terre (commotion).

Donnez-nous, aux joues réduites,
notre pain quotidien.
Part, donnez-nous, de nos oeufs foncés
comme nous part donnons
à ceux qui nous ont offensés.
Nounou laissez-nous succomber à la tentation
et d'aile ivrez-nous du mal.

ROBERT DESNOS

Hour farther

Hour farther witch art in Heaven
Hallowed bee, thine aim
Thy king done come!
Thy will be done in
ersatz is in Heaven.

Kippers this day-hour, Delhi bread.
And four kippers, sour trace, pa says,
As we four give them that trace paths against us.
And our leader's not in to tempt Asians;
Butter liver (as from Eve) fill our men.

Robert Desnos

Si, comme aux vents

Si, comme aux vents désignés par la rose
Il est un sens à l'espace et au temps,
S'ils en ont un ils en ont mille et plus
Et tout autant s'ils n'en possèdent pas.

Or qui de nous n'imagine ou pressent,
Ombres vaguant hors des géométries,
Des univers échappant à nos sens?

Au carrefour de routes en obliques
Nous écoutons s'éteindre un son de cor,
Toujours renaissant, toujours identique.

Cette vision du ciel et de la rose
Elle s'absorbe et se dissout dans l'air
Comme les sons dont frémit notre chair
Ou les lueurs sous nos paupières closes.

Nous nous heurtons à d'autres univers
Sans les sentir, les voir ou les entendre
Au creux été, aux cimes de l'hiver,
D'autres saisons sur nous tombent en cendre.

Tandis qu'aux vents désignés par la rose
Claque la porte et claquent les drapeaux,
Gonfle la voile et sans visible cause
Une présence absurde à nous s'impose
Matérielle, indifférente et sans repos.

If, like winds

If, like winds semaphored by a rose,
Space and time have a sense,
If they have a sense they have thousands,
And thousands if they have none.

Which of us doesn't dream or foresee,
(Shadow-flow breaking geometric bounds),
Whole worlds beyond us?

At the carfax of scissor roads
We hear a dying horn,
Always identical, always reborn.

This vision of sky and rose
Thins in the air and dissolves
Like sounds trembling our flesh
Or glowing lights shut inside our eyes.

We knock into other worlds
Not feeling, seeing, hearing them.
In valley-summers, in the heights of winter,
Other seasons fall on us, ash and cinder,

While in winds semaphored by a rose,
The door slams, the flags slap,
The sail swells. Mysteriously,
An absurd presence stays with us, insistent,
Material, never at peace, indifferent.

Quartier Saint-Merri

Au coin de la rue de la Verrerie
Et de la rue Saint-Martin
Il y an un marchand de mélasse.

Un jour d'avril, sur le trottoir
Un cardeur de matelas
Glissa, tomba, éventra l'oreiller qu'il portait.

Cela fit voler des plumes
Plus haut que le clocher de Saint-Merri.
Quelques-unes se collèrent aux barils de mélasse.

Je suis repassé un soir par là,
Un soir d'avril,
Un ivrogne dormait dans le ruisseau.

La même fenêtre était éclairée.
Du côté de la rue des Juges-Consuls
Chantaient des gamins.

Là, devant cette porte, je m'arrête.
C'est de là qu'elle partit.
Sa mère échevelée hurlait à la fenêtre.

Treize ans, à peine vêtue,
Des yeux flambant sous des cils noirs,
Les membres grêles.

En vain le père se leva-t-il
Et vint à pas pesants,
Traînant ses savates,

Robert Desnos

The St Merri district

Where the rue de la Verrerie
Meets the rue St-Martin
Stands a treacle-vendor's shop.

One April day, on the pavement,
The mattress-stuffer
Slipped, fell and disembowelled his pillow,

Making feathers fly
Higher than the St-Merri belfrey.
Some stuck to the treacle barrels.

I returned one evening,
One April evening.
A drunk lay in the gutter sleeping.

There was a light in the same window.
Over by the rue des Juges-Consuls
Kids were singing.

So, there am I stopping in front of that door.
That's where she left from,
Her unpinned mother at the window, shrieking.

Thirteen years old, hardly a stitch,
Blazing eyes under dark brows,
Slender limbs.

The pointless father got up,
Heaved himself over
In threadbare slippers

Robert Desnos

Attester de son malheur
Le ciel pluvieux.
En vain, elle courait à travers les rues.

Elle s'arrêta un instant rue des Lombards
A l'endroit exact où, par la suite,
Passa le joueur de flûte d'Apollinaire.

Du cloître Saint-Merri naissaient des rumeurs.
Le sang coulait dans les ruisseaux,
Prémice du printemps et des futures lunaisons.

L'horloge de la Gerbe d'Or
Répondait aux autres horloges,
Au bruit des attelages roulant vers les Halles.

La fillette à demi nue
Rencontra un pharmacien
Qui baissait sa devanture de fer.

Les lueurs jaune et verte des globes
Brillaient dans ses yeux,
Les moustaches humides pendaient.

— Que fais-tu, la gosse, à cette heure, dans la rue?
Il est minuit,
Va te coucher.

— Dans mon jeune temps, j'aimais traîner la nuit,
J'aimais rêver sur des livres, la nuit.
Où sont les nuits de mon jeune temps?

— Le travail et l'effort de vivre
M'ont rendu le sommeil délicieux.
C'est d'un autre amour que j'aime la nuit.

48

To call the heavens to witness
Just how much he was suffering.
Pointless, she ran through the streets.

She stopped for a moment in the rue des Lombards,
At the precise spot where later
Apollinaire's flautist passed by.

Vague sounds came from the Saint-Merri cloister.
Blood ran in the gutter,
Full moon harvest, Spring's first fruit.

The Gerbe d'Or clock
Answered other clocks
Above shaking harnesses going to Les Halles market.

The half-naked girl
Came across a chemist
Lowering the shutters on his shop.

The yellow and green globes
Shone in his eyes,
His damp moustaches drooped.

"What are you doing out at this hour
On the street, little girl? It's midnight,
Go home to bed.

In my youth, I liked to burn the midnight oil,
I liked to wing through books like an owl.
Where are the nights of my youth now?

Work and the sheer slog of living
Have made sleep a delicious thing for me.
I love night with a different love."

Un peu plus loin, au long d'un pont
Un régiment passait
Pesamment.

Mais la petite fille écoutait le pharmacien.
Liabeuf ou son fantôme maudissait les menteurs
Du côté de la rue Aubry-le-Boucher.

—Va te coucher petite,
Les horloges sonnent minuit,
Ce n'est ni l'heure ni l'âge de courir les rues.

L'eau clapotait contre un ponton
Trois vieillards parlaient sous le pont
L'un disait oui et l'autre non.

—Oui le temps est court, non le temps est long.
—Le temps n'existe pas, dit le troisième.
Alors parut la petite fille.

En sifflotant le pharmacien
S'éloignait dans la rue Saint-Martin
Et son ombre grandissait.

—Bonjour petite, dit l'un des vieux
—Bonsoir, dirent les deux autres
—Vous sentez mauvais, dit la petite.

Le régiment s'éloignait dans la rue Saint-Jacques,
Une femme criait sur le quai,
Sur la berge un oiseau blessé sautillait.

—Vous sentez mauvais, dit la petite
—Nous sentirons tous mauvais, dit le premier vieillard
Quand nous serons morts.

Further on, a regiment
Marched across a bridge,
Treading heavily.

But the girl was listening to the chemist.
Liabeuf or his ghost was cursing liars
Over by the rue Aubry-le-Boucher.

"Go home to bed, child,
The clocks are striking midnight,
It's very late and you're too young to roam the streets."

The water slapped against a landing-stage.
Three old men talked beneath a bridge,
One was saying yes, another no.

"Yes time goes fast, no time goes slow."
"There's no such thing as time", said the third.
Then the girl appeared.

The chemist went whistling
Down the rue St-Martin
And his shadow grew.

"Hello, my dear," said one old man.
"Good evening," said the other two.
"You smell," said the girl.

The regiment got smaller on the rue St Jacques,
A woman shouted on the quay,
On the bank a wounded bird hopped.

"You smell," said the girl.
"We'll all smell," said the first old man,
"When we're dead."

—Vous êtes morts déjà, dit la petite
Puisque vous sentez mauvais!
Moi seule ne mourrai jamais.

On entendit un bruit de vitre brisée.
Presque aussitôt retentit
La trompe grave des pompiers.

Des lueurs se reflétaient dans la Seine.
On entendit courir des hommes,
Puis ce fut le bruit de la foule.

Les pompes rythmaient la nuit,
Des rires se mêlaient aux cris,
Un manège de chevaux de bois se mit à fonctionner.

Chevaux de bois ou cochons dorés
Oubliés sur le parvis
Depuis la dernière fête.

Charlemagne rougeoyait,
Impassibles les heures sonnaient,
Un malade agonisait à l'Hôtel-Dieu.

L'ombre du pharmacien
Qui s'éloignait vers Saint-Martin-des-Champs
Epaississait la nuit.

Les soldats chantaient déjà sur la route:
Des paysans pour les voir
Collaient aux fenêtres leurs faces grises.

La petite fille remontait l'escalier
Qui mène de la berge au quai.
Une péniche fantôme passait sous le pont.

"You're already dead," said the girl,
"Since you smell!
I'm the only one who'll never die."

There was a noise of broken glass.
Almost at once the firemen's
Dark horn blasted.

Reflections shimmered on the Seine.
A bustle of men running,
Then the noise of the crowd.

The pumps gave the night a rhythm.
Laughter tangled with shouts,
A merry-go-round with wooden horses started.

Wooden horses or golden pigs
Forgotten on the church square
Since the last fair.

Charlemagne was glowing red,
Dead-pan the hours struck.
In the hospital a sick man lay dying.

The chemist's shadow
Disappearing towards St-Martin-des-Champs
Thickened the night.

The soldiers went singing on their way.
Folk glued their grey faces
To the windows to see them.

The girl climbed the steps
From the bank to the quay.
A fantom barge passed beneath the bridge.

Les trois vieillards se préparaient à dormir
Dans les courants d'air au bruit de l'eau.
L'incendie éventrait ses dernières barriques.

Les poissons morts au fil de l'eau,
Flèches dans la cible des ponts,
Passaient avec des reflets.

Tintamarre de voitures
Chants d'oiseaux
Son de cloche.

— Ho! petite fille
Ta robe tombe en lambeaux
On voit ta peau.

— Où vas-tu petite fille?
— C'est encore toi le pharmacien
Avec tes yeux! ronds comme des billes!

Détraqué comme une vieille montre,
Là-bas, sur le parvis Notre-Dame
Le manège hennissait sa musique.

Des chevaux raides se cabraient aux carrefours.
Hideusement nus,
Les trois vieillards s'avançaient dans la rue.

Au coin des rues Saint-Martin et de la Verrerie
Une plume flottait à ras du trottoir
Avec de vieux papiers chassés par le vent.

Un chant d'oiseau s'éleva square des Innocents.
Un autre retentit à la Tour Saint-Jacques.
Il y eut un long cri rue Saint-Bon

Et l'étrange nuit s'effilocha sur Paris.

The three old men got ready for draughty
Sleep, in the water's noise.
The fire disembowelled its last barrels.

Dead fish passed on the current,
Arrow-flashing at target
Lines of bridges.

The din of cars,
The songs of birds,
The sound of a bell.

"Hey, little girl,
Your dress is in tatters,
We can see your skin."

"Where are you going, child?"
"It's you again, chemist!
You've got eyes like marbles!"

Broken like an old watch,
Over on the square in front of Notre-Dame
The singing merry-go-round neighed.

Stiff horses reared up at cross-roads.
Hideously naked
The three old men moved down the road.

Where the rue St-Martin meets the rue de la
                                    Verrerie
A feather floated at pavement height
With bits of paper chased by the wind.

Birdsong lifted from the Square
des Innocents, birdsong rang in the Tour St-Jacques.
In the rue St-Bon a long cry was heard.

And the strange, frayed night came apart over Paris.

Robert Desnos

Il était une feuille

Il était une feuille avec ses lignes
Ligne de vie
Ligne de chance
Ligne de coeur
Il était une branche au bout de la feuille
Ligne fourchue signe de vie
Signe de chance
Signe de coeur
Il était un arbre au bout de la branche
Un arbre digne de vie
Digne de chance
Digne de coeur
Coeur gravé, percé, transpercé,
Un arbre que nul jamais ne vit.
Il était des racines au bout de l'arbre
Racines vignes de vie
Vignes de chance
Vignes de coeur
Au bout des racines il était la terre
La terre tout court
La terre toute ronde
La terre toute seule au travers du ciel
La terre.

Robert Desnos

There once was a leaf

There once was a leaf with all its lines
Line of life
Line of fortune
Line of the heart
There was a branch at the end of the leaf
Forked line sign of life
Sign of fortune
Sign of the heart
There was a tree at the end of the branch
A tree worthy of life
Worthy of fortune
Worthy of heart
Engraved heart, pierced, transfixed,
A tree which no-one ever saw.
There were roots at the end of the tree
Roots vines of life
Vines of fortune
Vines of the heart
At the end of the roots there was the earth
The earth quite simply
The earth quite round
The earth quite alone stretched across the sky
The earth.

Comme

Come, dit l'Anglais à l'Anglais, et l'Anglais vient.
Côme, dit le chef de gare, et le voyageur qui vient dans
  cette ville descend du train sa valise à la main.
Come, dit l'autre, et il mange.
Comme, je dis comme et tout se métamorphose, le marbre
  en eau, le ciel en orange, le vin en plaine, le fil en six,
  le coeur en peine, la peur en seine.
Mais si l'Anglais dit as, c'est à son tour de voir le monde
  changer de forme à sa convenance
Et moi je ne vois plus qu'un signe unique sur une carte
L'as de coeur si c'est en février,
L'as de carreau et l'as de trèfle, misère en Flandre,
L'as de pique aux mains des aventuriers.
Et si cela me plaît à moi de vous dire machin,
Pot à eau, mousseline et potiron.
Que l'Anglais dise machin,
Que machin dise le chef de gare,
Machin dise l'autre,
Et moi aussi.
Machin.
Et même machin chose.
Il est vrai que vous vous en foutez
Que vous ne comprenez pas la raison de ce poème.
Moi non plus d'ailleurs.
Poème, je vous demande un peu?
Poème? je vous demande un peu de confiture,
Encore un peu de gigot,
Encore un petit verre de vin
Pour nous mettre en train...

Like

Laïque, says the Frenchman to the Frenchman, and the
    Frenchman is civil.
Lake? says the pleasure-boat captain, and the tripper
    trips up the gangplank.
Leica, explains the tourist snap-happily.
Like, I say like and everything is metamorphosed,
    marble into water, the sky into orange ribbons,
    wine into new bottles, three into two, the heart into
    little pieces, one's back into it, laughter into tears.
But when the Englishman says as, it's his turn to see
    the world change shape to his liking.
As for me, I only see a single aspect, one sign on a
    playing-card,
The ace of hearts if it's astringent February,
The ace of diamonds and the ace of clubs, penury in
    Asturias.
The ace of spades ready for the assault.
What if it pleases me to say "whatsit" to you,
Pitcher, mashed potato, pumpkin.
Let the English say whatsit,
Whatsit the stationmaster,
Whatsit what's his name,
And me as well.
Whatsit.
Even whatsit thingummy.
It's true you don't give a toss
Whether you get the point of this poem.
Me neither for that matter.
Poem, I've one or two favours to ask you.
Poem, could you give me a little more jam,
A little more lamb,
Another little glass of wine
To get us going properly...

Poème, je ne vous demande pas l'heure qu'il est.
Poème, je ne vous demande pas si votre beau-père est
   poilu comme un sapeur.
Poème, je vous demande un peu...?

Poème, je ne vous demande pas l'aumône,
Je vous la fais.
Poème, je ne vous demande pas l'heure qu'il est,
Je vous la donne.
Poème, je ne vous demande pas si vous allez bien,
Cela se devine.
Poème, poème, je vous demande un peu...
Je vous demande un peu d'or pour être heureux avec
   celle que j'aime.

Poem, I'm not asking you what time it is.
Poem, I'm not asking if your father-in-law's got
　　a moustache like a painter-decorator's brush.
Poem, can I ask you a favour...?

Poem, I'm not asking you to give me charity,
I'm giving it to you.
Poem, I'm not asking you to tell me the time,
I'm telling you.
Poem, I'm not asking you if you are well,
It's easy to guess.
Poem, poem, I'm asking you a favour...
I'm asking you for the odd gold nugget so I can live
　　happily with the one I love.

Robert Desnos

J'ai tant rêvé de toi

J'ai tant rêvé de toi que tu perds ta réalité.

Est-il encore temps d'atteindre ce corps vivant et de baiser sur cette bouche la naissance de la voix qui m'est chère?

J'ai tant rêvé de toi que mes bras habitués, en étreignant ton ombre, à se croiser sur ma poitrine ne se plieraient pas au contour de ton corps, peut-être.

Et que, devant l'apparence réelle de ce qui me hante et me gouverne depuis des jours et des années, je deviendrais une ombre sans doute.

O balances sentimentales.

J'ai tant rêvé de toi qu'il n'est plus temps sans doute que je m'éveille. Je dors debout, le corps exposé à toutes les apparences de la vie et de l'amour et toi, la seule qui compte aujourd'hui pour moi, je pourrais moins toucher ton front et tes lèvres que les premières lèvres et le premier front venus.

J'ai tant rêvé de toi, tant marché, parlé, couché avec ton fantôme qu'il ne me reste plus peut-être, et pourtant, qu'à être fantôme parmi les fantômes et plus ombre cent fois que l'ombre qui se promène et se promènera allégrement sur le cadran solaire de ta vie.

I've dreamed such dreams of you

I've dreamed such dreams of you that you're losing your reality.

Do I still have time to reach your vital body, to kiss into life that voice I love so much?

I've dreamed such dreams of you that my arms, long practiced in hugging your shadow and falling flat across my chest, might not yield to your body's shape.

Faced with the real presence of what's haunted and guided me all these days and years, doubtless I'd become a shadow.

Fine balance of feelings!

I've dreamed such dreams of you that the time for waking must have come and gone. I'm asleep on my feet, exposed to every image of life and love, and you, the only thing which counts for me now, any lips, any forehead will be easier for me to touch than your forehead, your lips.

I've dreamed such dreams of you, I've walked so much, talked so much, lain so much with your shadow, that perhaps now all I can be is a ghost among ghosts, a hundred times more shadow than the moving shadow cast and lightly cast again across your life measured by the sun.

JACQUES PREVERT

La pêche à la baleine

A la pêche à la baleine, à la pêche à la baleine,
Disait le père d'une voix courroucée
A son fils Prosper, sous l'armoire allongé,
A la pêche à la baleine, à la pêche à la baleine,
Tu ne veux pas aller,
Et pourquoi donc?
Et pourquoi donc que j'irais pêcher une bête
Qui ne m'a rien fait, papa,
Va la pêpé, va la pêcher toi-même,
Puisque ça te plaît,
J'aime mieux rester à la maison avec ma pauvre mère
Et le cousin Gaston.
Alors dans sa baleinière le père tout seul s'en est allé
Sur la mer démontée...
Voilà le père sur la mer,
Voilà le fils à la maison,
Voilà la baleine en colère,
Et voilà le cousin Gaston qui renverse la soupière,
La soupière au bouillon.
La mer était mauvaise,
La soupe était bonne.
Et voilà sur sa chaise Prosper qui se désole:
A la pêche à la baleine, je ne suis pas allé,
Et pourquoi donc que j'y ai pas été?
Peut-être qu'on l'aurait attrapée,
Alors j'aurais pu en manger.
Mais voilà la porte qui s'ouvre, et ruisselant d'eau
Le père apparaît hors d'haleine,
Tenant la baleine sur son dos.
Il jette l'animal sur la table, une belle baleine aux yeux
                                                    bleus,
Une bête comme on en voit peu,
Et dit d'une voix lamentable:

JACQUES PREVERT

The whale hunt

Whales. We're going to hunt whales,
Said father in an angry voice
To Prosper his son stretched out under the wardrobe,
We're going to hunt whales. Let's go.
You don't want to?
Why on earth not?
Why on earth should I go and kill a creature
Who's not laid a finger on me?
Pop along, pop, catch it yourself
Seeing you want to.
I'd sooner stay at home with poor old mum
And cousin Gaston.
So, father climbed into his whaler and went off
Out into the cruel sea...
So, here we have father at sea,
Son back at home,
Whale in a bait,
And cousin Gaston upsetting the tureen,
The tureen full of broth.
The sea was terrible,
The soup good.
And there on his chair is Prosper, quite inconsolable:
I didn't go hunting whales,
Oh why oh why didn't I go?
Perhaps we'd have caught it,
Then I could've eaten it.
But now the door bursts open, and dripping with water,
Father reappears, out of breath,
Whale slung over shoulder.
He slaps the animal down on the table,
A fine blue-eyed whale,
The sort you don't often come across these days,
And says in an awful voice:

Dépêchez-vous de la dépecer,
J'ai faim, j'ai soif, je veux manger.
Mais voilà Prosper qui se lève,
Regardant son père dans le blanc des yeux,
Dans le blanc des yeux bleus de son père,
Bleus comme ceux de la baleine aux yeux bleus:
Et pourquoi donc je dépècerais une pauvre bête qui m'a

                                        rien fait?
Tant pis, j'abandonne ma part.
Puis il jette le couteau par terre,
Mais la baleine s'en empare, et se précipitant sur le père
Elle le transperce de père en part.
Ah, ah, dit le cousin Gaston,
On me rappelle la chasse, la chasse aux papillons.
Et voilà
Voilà Prosper qui prépare les faire-part,
La mère qui prend le deuil de son pauvre mari
Et la baleine, la larme à l'oeil contemplant le foyer détruit.
Soudain elle s'écrie:
Et pourquoi donc j'ai tué ce pauvre imbécile,
Maintenant les autres vont me pourchasser en

                                      motogodille
Et puis ils vont exterminer toute ma petite famille.
Alors, éclatant d'un rire inquiétant,
Elle se dirige vers la porte et dit
A la veuve en passant:
Madame, si quelqu'un vient me demander,
Soyez aimable et répondez:
La baleine est sortie,
Asseyez-vous,
Attendez là,
Dans une quinzaine d'années, sans doute elle reviendra.

Get your skates on and skin it, get carving,
I want to begin it, I'm thirsty, I'm starving.
But! Now we have Prosper leaping to his feet!
He looks straight in the white of his father's blue eyes,
Blue like the blue of the whale with blue eyes:
Why should I slice up a poor creature who's done me
                                            no harm?
So help me, I don't want my pound of flesh!
And with that he throws the knife to the ground,
But whale snatches it, and lungeing at father
Stabs him all the way through and even further.
Aha, says cousin Gaston,
This reminds me of when we catch butterflies!
So there,
There's practical Prosper preparing black-edged cards,
And mother donning widow's weeds,
And whale shedding whale tears over the wrecked
                                            household.
Suddenly whale cries out:
Why oh why did I kill that silly old sod,
Now they're going to get into their power-boats and
                                            find me.
They'll exterminate all my little family.
Then, in a burst of manic laughter,
It heads towards the door and says
To the widow, en passant:
Dear lady, if someone should ask for me,
Say that the whale has gone out to tea,
Please take a chair,
You can wait there,
It should be back in about fifteen years.

Jacques Prévert

La belle saison

A jeun perdue glacée
Toute seule sans un sou
Une fille de seize ans
Immobile debout
Place de la Concorde
A midi le Quinze Août.

August Bank Holiday

Frozen lost dead with hunger
All on her own penniless
A girl of sixteen
Motionless
Place de la Concorde Paris
Midday August the fifteenth

Jacques Prévert

Pater Noster

Notre Père qui êtes aux cieux
Restez-y
Et nous nous resterons sur la terre
Qui est quelquefois si jolie
Avec ses mystères de New York
Et puis ses mystères de Paris
Qui valent bien celui de la Trinité
Avec son petit canal de l'Ourcq
Sa grande muraille de Chine
Sa rivière de Morlaix
Ses bêtises de Cambrai
Avec son océan Pacifique
Et ses deux bassins aux Tuileries
Avec ses bons enfants et ses mauvais sujets
Avec toutes les merveilles du monde
Qui sont là
Simplement sur la terre
Offertes à tout le monde
Eparpillées
Emerveillées elles-mêmes d'être de telles merveilles
Et qui n'osent se l'avouer
Comme une jolie fille nue qui n'ose se montrer
Avec les épouvantables malheurs du monde
Qui sont légion
Avec leurs légionnaires
Avec leurs tortionnaires
Avec les maîtres de ce monde
Les maîtres avec leurs prêtres leurs traîtres et leurs reîtres
Avec les saisons
Avec les années
Avec les jolies filles et avec les vieux cons
Avec la paille de la misère pourrissant
dans l'acier des canons.

Our Father

Our Father which art in Heaven
Stay there
As for us we'll stay down here on earth
Which sometimes is a very pretty place
With its New York mysteries
Its Paris mysteries
Every bit as good as the one about the Trinity
It's got its Ourcq Canal
Its Great Wall of China
Its Morlaix river
Its Pontefract cakes
Its Pacific Ocean
And its two man-made ponds in the Tuileries
With its nice children and its bad lots
With all its Wonders of the World
Which are there
Simply there
on earth
For everyone
Scattered
Full of wonder themselves that they should be
such wonders
And not daring to admit it to themselves
Like a beautiful naked girl too shy to be seen
With all the awful sufferings of the globe
Which are legion
With its legionnaires
With its torturers
With its masters of this world
Masters with their priests their sneaks their beasts
in sheep's clothing
With its seasons
With its years
With its pretty women and its evil men
With its weeds of poverty growing
in the barrels of guns.

Le cancre

Il dit non avec la tête
mais il dit oui avec le coeur
il dit oui à ce qu'il aime
il dit non au professeur
il est debout
on le questionne
et tous les problèmes sont posés
soudain le fou rire le prend
et il efface tout
les chiffres et les mots
les dates et les noms
les phrases et les pièges
et malgré les menaces du maître
sous les huées des enfants prodiges
avec des craies de toutes les couleurs
sur le tableau noir du malheur
il dessine le visage du bonheur.

The dunce

With his head he says no
but with his heart he says yes
he says yes to what he loves
to the teacher he says no
he's standing there
getting grilled
he gets given every single problem
suddenly he starts to laugh hysterically
and he rubs out everything
numbers words
dates and names
sentences and clever traps
and despite the master's threats
amid the infant prodigies' jeers
with chalks of every size and colour
on the long black board of tears
he draws the face of happiness.

Jacques Prévert

Chanson des escargots qui vont à l'enterrement

A l'enterrement d'une feuille morte
Deux escargots s'en vont
Ils ont la coquille noire
Du crêpe autour des cornes
Ils s'en vont dans le noir
Un très beau soir d'automne
Hélas quand ils arrivent
C'est déjà le printemps
Les feuilles qui étaient mortes
Sont toutes ressuscitées
Et les deux escargots
Sont très désappointés
Mais voilà le soleil
Le soleil qui leur dit
Prenez prenez la peine
La peine de vous asseoir
Prenez un verre de bière
Si le coeur vous en dit
Prenez si ça vous plaît
L'autocar pour Paris
Il partira ce soir
Vous verrez du pays
Mais ne prenez pas le deuil
C'est moi qui vous le dis
Ça noircit le blanc de l'oeil
Et puis ça enlaidit
Les histoires de cercueils
C'est triste et pas joli
Reprenez vos couleurs
Les couleurs de la vie
Alors toutes les bêtes
Les arbres et les plantes
Se mettent à chanter
A chanter à tue-tête

Song of the snails on their way to a funeral

Two snails are on their way
To a dead leaf's funeral
They're sporting black shells
And crêpe around their horns
Off they go in the dark
On a fine autumn night
Alas when they arrive
It's already spring
The leaves which had died
Have sprung back into life
And the two snails are
Very disappointed
But here comes the sun
And the sun says to them
Would you please be so good
As to sit yourselves down
Do have a glass of beer
If that tickles your fancy
You could if you like take
The coach back to Paris
It's leaving this evening
You get fabulous views
But let me speak frankly
You shouldn't wear mourning
It darkens the eyes
And makes one so drab
This business with coffins
It's sad and not pretty
So come back to life
Be bright and colourful
Dress up in life's colours
So all the animals
All the trees and the plants
Begin to sing a song
At the tops of their voices

Jacques Prévert

La vraie chanson vivante
La chanson de l'été
Et tout le monde de boire
Tout le monde de trinquer
C'est un très joli soir
Un joli soir d'été
Et les deux escargots
S'en retournent chez eux
Ils s'en vont très émus
Ils s'en vont très heureux
Comme ils ont beaucoup bu
Ils titubent un p'tit peu
Mais là-haut dans le ciel
La lune veille sur eux.

The true living song
The song of summer
Everybody drinking
Everybody clinking
To a lovely evening
A lovely summer's evening
And the two snails set off
Set off for home
They've been very moved
They're very happy indeed
As they've drunk a shellful
They soon begin to wobble
But high in the sky
The moon keeps an eye
On the snails'
Homeward trails.

Barbara

Rappelle-toi Barbara
Il pleuvait sans cesse sur Brest ce jour-là
Et tu marchais souriante
Epanouie ravie ruisselante
Sous la pluie
Rappelle-toi Barbara
Il pleuvait sans cesse sur Brest
Et je t'ai croisée rue de Siam
Tu souriais
Et moi je souriais de même
Rappelle-toi Barbara
Toi que je ne connaissais pas
Toi qui ne me connaissais pas
Rappelle-toi
Rappelle-toi quand même ce jour-là
N'oublie pas
Un homme sous un porche s'abritait
Et il a crié ton nom
Barbara
Et tu as couru vers lui sous la pluie
Ruisselante ravie épanouie
Et tu t'es jetée dans ses bras
Rappelle-toi cela Barbara
Et ne m'en veux pas si je te tutoie
Je dis tu à tous ceux que j'aime
Même si je ne les ai vus qu'une seule fois
Je dis tu à tous ceux qui s'aiment
Même si je ne les connais pas
Rappelle-toi Barbara
N'oublie pas
Cette pluie sage et heureuse
Sur ton visage heureux

Barbara

Barbara remember
The rain was falling all that day on Brest
And you were walking smiling
Radiant full of joy streamimg wet
In the rain
Barbara remember
All day the rain fell on Brest
I ran into you in the rue de Siam
You were smiling
And I was smiling too
Barbara remember
I didn't know you
You didn't know me
Remember
You should remember that day all the same
Don't forget
A man was sheltering in a porch
And he called out your name
Barbara
And you ran towards him in the rain
Streaming wet full of joy radiant
And you threw yourself into his arms
Barbara remember that
Don't be cross if I'm direct
I can't be bothered with niceties
When I love someone
Even if I've seen them only once
I'm never formal with people in love
Even if I've not met them before
Barbara remember
Don't forget
That wet wise happy rain
On your happy face

Sur cette ville heureuse
Cette pluie sur la mer
Sur l'arsenal
Sur le bateau d'Ouessant
Oh Barbara
Quelle connerie la guerre
Qu'es-tu devenue maintenant
Sous cette pluie de fer
De feu d'acier de sang
Et celui qui te serrait dans ses bras
Amoureusement
Est-il mort disparu ou bien encore vivant
Oh Barbara
Il pleut sans cesse sur Brest
Comme il pleuvait avant
Mais ce n'est plus pareil et tout est abîmé
C'est une pluie de deuil terrible et désolée
Ce n'est même plus l'orage
De fer d'acier de sang
Tout simplement des nuages
Qui crèvent comme des chiens
Des chiens qui disparaissent
Au fil de l'eau sur Brest
Et vont pourrir au loin
Au loin très loin de Brest
Dont il ne reste rien.

On that happy town
That rain on the sea
On the munitions dump
On the Ushant boat
Oh Barbara
What a bloody waste war is
Where the hell are you now
Under this downpour of iron
Of fire of steel of blood
And the man who hugged you in his arms
Full of love
Did he die disappear or is he still alive
Oh Barbara
It rains and rains on Brest
As it rained before
But it's not the same any more and all is ruined
It's the desolate terrible rain of bereavement
No longer even the same thunder
Of iron of steel of blood
Just simply clouds going under
Like dead dogs disappearing
Floating downstream out of Brest
To rot far far away from Brest
Of which there's left
Nothing.

La rivière

Tes jeunes seins brillaient sous la lune
mais il a jeté
le caillou glacé
la froide pierre de la jalousie
sur le reflet
de ta beauté
qui dansait nue sur la rivière
dans la splendeur de l'été.

The river

Your young breasts were gleaming
in the moonlight
but he's thrown
the icy stone
the frozen stone of jealousy
at your beautiful
Echo
dancing naked on the river
in summer spleandour.

Jacques Prévert

Petite tête sans cervelle

C'est un vélo volé et secoué par le vent
un enfant est dessus qui pédale en pleurant
un brave homme derrière lui le poursuit en hurlant
Et le garde-barrière agite son drapeau
l'enfant passe quand même
le train passe sur lui
et le brave homme arrive en reprenant son souffle
contemplant sa ferraille
n'en croyant pas ses yeux
Les deux roues sont tordues
le guidon est faussé
le cadre fracassé
le lampion en charpie
et la bougie en miettes
Et ma médaille de Saint-Christophe
où est-elle passée
vraiment il n'y a plus d'enfants
on ne sait plus à quel saint se vouer
on ne sait plus que dire
on ne sait plus que penser
on ne sait plus comment tout ça va finir
on ne sait plus où on en est
vraiment

Quelle bande de ons
dit le garde-barrière en pleurant.

Jacques Prévert

Little brainless one

It's a stolen bike rattling in the wind
On it a kid is pedalling and crying
A law-abiding citizen in hot pursuit is yelling
The gate-keeper waves his flag
But the kid goes across
The train goes across him
The citizen arrives out of breath
Looks at his heap of metal
Can't believe his eyes
Both wheels are buckled
The handlebars crumpled
The frame fractured
The light crushed
The bulb smashed
And my St Christopher good luck charm
Where's that gone
Well honestly children today you can't call them children
You can't rely on the saints any more
You can't talk to people
You can't think straight
You can't have faith in the future
You can't get an honest answer
Really you can't

What a bunch of can'ts
Says the gate-keeper
Weeping.

LOUISE HERLIN

La mouette à ras d'eau

La mouette à ras d'eau et la grue en action
dans l'espace premières président au jour levant
    Qu'un train latéralement oriente

Pierre et béton livrés au règne automobile:
Du monstre urbain émerge inchangé par la nuit
Le désordre voyeur où de rares piétons meuvent
    Des sihouettes anachroniques

Dans les chantiers naissants les machines s'ébranlent
Tandis que sur le pont d'un chaland amarré
    Passe un chien escorté d'un enfant

Et le bruit bâillonne le jour — tout-puissant,
De l'espace entier fait une prison
    Des arbres ses geôliers, la saison sa captive

LOUISE HERLIN

The gull inch-perfect over water

The gull inch-perfect over water, the busy crane
Call to order a disorganised dawn
   Edged into place by a train

Stone and concrete at the car's pleasure:
The urban monster disgorges louche anarchy
Unchanged by night: rare pedestrians push
   Archaic silhouettes

Building-sites wake, machines shake into life
A dog walks atop a moored barge
   Escorted by a child

And noise gags the day — all-powerful
It makes space a prison
   The trees its henchmen, the season its captive

Louise Herlin

Frêle un frôlement d'aube

Frêle un frôlement d'aube
— Monde mou agité de tumultes
   Un mouvement d'amble
   Dans l'air fracassé
Un train se déplie

Silence agressé traversé

A light brush of dawn

A light brush of dawn
— Soft buffeting world
   Ambling through
   Shattered air
A train unfolds

Attacked silence crossed

Louise Herlin

L'immeuble grandi

L'immeuble grandi dans l'espace du matin,
Quadrangulaire

Le ciel passe derrière, ses horizons
Cachés glissent au dos de l'objet
Déposé

Les oiseaux le survolent
Ranimant l'air amputé

Chaque matin dévoile
Le scandale du ciel qu'obsède
Ce pauvre parallélépipède

Morning space

Morning space expands the building's
Regularity

The sky passes behind, hidden horizons
Slide on the object's back,
Deposed

Birds fly over it
Reviving the amputated air

Every morning strips
The scandal of a sky obsessed
By this sad quartet
Of parallel angles

Le soleil rouge et rond

Le soleil rouge et rond
Au bas de l'horizon
— Un dirigeable échoué
(Au ras du balcon)
Barré d'une strie nuageuse
(Un ballon mou)
Corps étrange et moëlleux
Creuse son trou

Dans l'épaisseur du ciel:
Il y cèle un instant ses rayons
Pour resurgir plus loin dardant
Mille étincelles

Cependant l'air se moire et s'habille
Travaille ses fonds à l'eau
Habile au maniement du pinceau

The red round sun

The red round sun
At the horizon's bottom edge
— A grounded dirigible
(At balcony level)
Scored with one cloudy stripe
(A soft balloon)
Strange sponge body
Digs its hole

In the thickness of the sky:
Briefly it blankets its rays,
Reappears further off lighting
A thousand fireworks

But now the air dresses in watered silk,
Washes its backgrounds
With the painter's sure skill

Louise Herlin

L'empreinte d'âtre

L'empreinte d'âtre au mur mitoyen
Viole un secret longtemps tenu de cantatrice
   — au siècle dernier

Dans les gravats la trompe rouge d'un engin
Fouisseur unit au présent la préhistoire

Poussiéreuse façade, et la courbe affinée du perron
   — tel un visage exténué par le temps

Grise une servitude, dit-on, perpétuait la demeure
Entre deux immeubles serrée avec son peu de jardin
    au sud où fleurit un rosier

Grise et fragile à l'image de l'artiste offrant
Le thé en son hôtel — offrande de quelque protecteur
D'antan — entre les murs caché de l'avenue
au trafic dense

Trop obscure la dame pour survivre en sa coquille:
Du tas de sable et de poutrelles surgira la neuve HLM

Dans l'espace de la ville, infini carrousel
Les tombes se supplantent

Louise Herlin

An echo of fireplace

An echo of fireplace on the dividing wall
Betrays a Queen of the Night's secret
   — from the last century

In the rubble a digger's metal arm
Joins prehistory with the present

A dusty façade, the flat curve of the steps
   — like a grey face worn by time

The worse for wear, the place held tight
Between two buildings, a bright rose-bush
    in its south-facing little garden

A grey fragile image of the artiste serving
Tea in her residence — the gift of an admirer
Long gone — within secluded walls far from
the bustling avenue

The lady's too unknown to last inside her shell:
From sand-piles and joists will leap new high-rise flats

In the town's space, an endless carrousel
Tomb succeeds tomb

Louise Herlin

La douceur du mur

La douceur du mur coupe-vent
au jardin l'hiver
Le soleil ébloui l'éblouissant jet d'eau
Quelques pigeons à l'avant-plan posés
vivent
Un enfant joue au ballon
D'arachnéennes chaises font cercle
pour un spectacle absent

The warmth of the wind-break wall

The warmth of the wind-break wall
in the winter garden
Dazzled sun dazzling fountain
A few still pigeons in the foreground
live
A child playing with a ball
Gossamer-web chairs arranged in a circle
for an absent entertainment

Louise Herlin

Le ciel a retrouvé

Le ciel a retrouvé ses teintes bleu et brume
des ans passés
    A ce retour d'octobre la palette insoucieuse
épuise un air connu
    Le soleil s'est refait une tenue d'hiver
rappelant à certains des dates historiques
    Les générations seules ont avancé d'un cran

The sky has recovered

The sky has recovered its haze-blue tints
of years gone by
Now October returns the carefree palette
finishes a well-known air
The sun has made itself another winter outfit
mnemonic of historic dates
Generations alone have turned time's ratchet

Louise Herlin

Tant de traces

Tant de traces, monuments fragiles
en l'espèce des pages — et chaque lettre, perle
d'alphabet
   Arabesque amoureusement filée
   De sa présence éclatée au long des murs, le musée
s'emplit
   L'été précoce échauffe les vitrines où les calligraphies
tremblées reposent, recueillies
   De sa main guidée par l'exigence intime
les corrections attestent la patience
   Visage pluriel, de soi-même héritant
   Un seul et même cours mûrit le temps du poète
   Un seul et même temps affleure aux traits changeants
des photographies
   Dans l'épaisseur du livre enclose, l'ardeur sans ride
attend les réveils futurs

So many traces

So many traces, fragile monuments
cast in the coin of pages — and each letter a pearl
of the alphabet
    Loving embroidery
    The museum is stocked with its flourishing
wall-cover
    Early summer warms shop fronts where fluttering
calligraphies compose themselves
    In writing guided by inner need
corrections affirm patience
    Twin face after face
    The same single course ripens the poet's time
    A single time develops in the photographer's
tray
    Bound in the book's thickness, unmarked passion
waits to be awoken

PHILIPPE JACCOTTET

Fruits

Dans les chambres des vergers
ce sont des globes suspendus
que la course du temps colore
des lampes que le temps allume
et dont la lumière est parfum

On respire sous chaque branche
le fouet odorant de la hâte

Ce sont des perles parmi l'herbe
de nacre à mesure plus rose
que les brumes sont moins lointaines
des pendeloques plus pesantes
que moins de linge elles ornent

Comme ils dorment longtemps
sous les mille paupières vertes!

Et comme la chaleur

par la hâte avivée
leur fait le regard avide!

PHILIPPE JACCOTTET

Fruit

In the orchard rooms
hanging globes
coloured by time's progress
lamps lit by time
perfume of lamplight

Under each branch the lash
of sweet-smelling haste

Beads in the mother-of-pearl
grass growing pink
as mists close in
pendants more heavy
the less linen they adorn

How long they sleep
under their thousand green eyelids!

And how heat

fired by haste
makes them look greedy!

Philippe Jaccottet

Sérénité

L'ombre qui est dans la lumière
pareille à une fumée bleue

Philippe Jaccottet

Serenity

The shadow within the light
like blue smoke

Lever du jour

1

Au lever du jour
est mêlé du sang

La plus douce blancheur
m'est apparue la troublée

La source de l'aube
est un lait plein de trouble

2

Le tout commencement
est dans l'eau pure
une flamme qui monte

Sous la peau de l'air endormi
un rêve qui prend feu

3

Ce mouvement presque invisible
sous la brume
comme si là-bas
s'envolaient des oiseaux

4

Heure où la lune s'embue
à l'approche de la bouche
qui murmure un nom caché

au point qu'on y distingue à peine
le peigne et la chevelure

Daybreak

1

Daybreak
mingles blood

I thought softest white
clouded white

Dawn's spring
all cloudy milk

2

The very beginning
is in pure water
a rising flame

Under the skin of sleeping air
a dream which catches fire

3

This half-seen movement
under the mist
as if over there
birds took flight

4

The moment of moon mist
as the mouth comes near
with a soft dark name

until comb and hair
are scarcely discerned

5

Emue
et bientôt blessée

Limpide
et bientôt laiteuse

Eclose
et bientôt sanglante

O beauté qui soupire après les flèches
toutes flèches dedans dehors
mélange de flèches, de plumes
et de soupirs

rosée brûlant d'être bue

6

Ivre de soif et de honte
comme être blessée la comble
comme elle sombre exaltée!

Quel feu entraîna la fonte
de cette languide neige?

7

Partout changée en pivoine
pour être mieux respirée

Il n'est plus un repli d'elle
qui ne soit en proie au rapace

5

Moved
and soon wounded

Limpid
and soon milky

Fresh bloom
soon bleeding

Beauty yearning for arrows
nothing but arrows inside outside
arrows, feathers, sighs
entangled

dew burning to be drunk

6

Drunk with thirst and shame
its wound is a crown
exalted it goes down!

What fire swept up
this melted languid snow?

7

Everywhere changed into peonies
the better to be breathed

Not a single tuck now
avoids the predator's eye

8

Bouche rapide, hardie
égarée au lever du jour
comme on peut voir sa torche
propager l'incendie

brûlure plus bondissante que le lièvre
et plus vive que les ruisseaux

9

Est-ce la lumière vraie
avec ces veines ardentes,
ces dents de fauve?

Est-ce la lumière juste
qui mord en éblouissant?

Et peut-elle être éternelle
ainsi vêtue de larmes
et de soupirs?

Quels yeux nous faudra-t-il
et quelle patience,
ou quelle cécité plutôt soudaine
pour voir le jour?

8

Bold, rapid mouth
wild at daybreak
see how its torch
spreads fire

flame leaping
higher than hares
livelier than streams

9

Is this light true
with burning veins,
wild teeth?

Is this light exact
biting as it blinds?

And can it be eternal
dressed thus in tears
and sighs?

What eyes shall we need,
what patience,
what sudden blindness
to see day?

Voeux

1

J'ai longtemps désiré l'aurore
mais je ne soutiens pas la vue des plaies

Quand grandirai-je enfin?

J'ai vu la chose nacrée:
fallait-il fermer les yeux?

Si je me suis égaré
conduisez-moi maintenant
heures pleines de poussière

Peut-être en mêlant peu à peu
la peine avec la lumière
avancerai-je d'un pas?

(A l'école ignorée
apprendre le chemin qui passe
par le plus long et le pire)

Wishes

1

I've long desired dawn
but can't bear the sight of fresh wounds

Will I grow up?

I've seen that thing of mother-of-pearl:
should I have closed my eyes?

If I've strayed
lead me back now,
dust-filled hours

Perhaps mixing bit by bit
suffering and light
I'll inch forward?

(In the unknown school
learn the longest,
the worst route)

2

Qu'est-ce donc que le chant?
Rien qu'une sorte de regard

S'il pouvait habiter encore la maison
à la manière d'un oiseau
qui nicherait même en la cendre
et qui vole à travers les larmes!

S'il pouvait au moins nous garder
jusqu'à ce que l'on nous confonde
avec les bêtes aveugles!

3

Le soir venu
rassembler toutes choses
dans l'enclos

Traire, nourrir
Nettoyer l'auge
pour les astres

Mettre de l'ordre dans le proche
gagne dans l'étendue
comme le bruit d'une cloche
autour de soi

2

What then is song?
Just a sort of look

If it could still live in the house
like a bird prepared to nest
in ashes even
a bird which flies through tears!

If it could keep us
until we're taken for
blind animals!

3

Evening came
to gather all things
in the fold

Milking, feeding
cleaning the trough
for the stars

Order created close to
spreads through space
like the sound of a bell
all around

Philippe Jaccottet

Sois tranquille

Sois tranquille, cela viendra! Tu te rapproches,
tu brûles! Car le mot qui sera à la fin
du poème, plus que le premier sera proche
de ta mort, qui ne s'arrête pas en chemin.

Ne crois pas qu'elle aille s'endormir sous des branches
ou reprendre souffle pendant que tu écris.
Même quand tu bois à la bouche qui étanche
la pire soif, la douce bouche avec ses cris

doux, même quand tu serres avec force le noeud
de vos quatre bras pour être bien immobiles
dans la brûlante obscurité de vos cheveux,

elle vient, Dieu sait par quels détours, vers vous deux,
de très loin ou déjà tout près, mais sois tranquille,
elle vient: d'un à l'autre mot tu es plus vieux.

Don't worry

Don't worry, you'll get there! You're close,
you're very warm! The poem's last word
will be nearer than the first
to your death, coming undeterred.

Don't think it sleeps under trees
or takes long breaths while you write.
Even when you drink the sweet crying mouth
which quenches driest thirst,

even when you make fast the knot
of your four arms, at rest
in the dark fire of your hair,
death comes the long way round. At first far off,

it's suddenly with you both, at your shoulder.
Don't worry: from one word to the next, you're older.

Philippe Jaccottet

Lettre du vingt-six juin

Que les oiseaux vous parlent désormais de notre vie.
Un homme en ferait trop d'histoires
et vous ne verriez plus à travers ses paroles
qu'une chambre de voyageur, une fenêtre
où la buée des larmes voile un bois brisé de pluie...

La nuit se fait. Vous entendez les voix sous les tilleuls:
la voix humaine brille comme au-dessus de la terre
Antarès qui est tantôt rouge et tantôt vert.

*

N'écoutez plus le bruit de nos soucis,
ne pensez plus à ce qui nous arrive,
oubliez même notre nom. Ecoutez-nous parler
avec la voix du jour, et laissez seulement
briller le jour. Quand nous serons défaits de toute crainte,
quand la mort ne sera pour nous que transparence,
quand elle sera claire comme l'air des nuits d'été
et quand nous volerons portés par la légèreté
à travers tous ces illusoires murs que le vent pousse,
vous n'entendrez plus que le bruit de la rivière
qui coule derrière la forêt; et vous ne verrez plus
qu'étinceler des yeux de nuit...

*

Lorsque nous parlerons avec la voix du rossignol...

Philippe Jaccottet

Letter of the 26th June

From now on let birds tell you of our life.
Humans invent rigmaroles,
their words conjure just
hotel rooms, tear-mist windows
veiling a wood broken by rain...

Night gathers. Voices under the limes.
The bright human voice rises
like far-off brilliant red brilliant green Antares.

*

Don't listen to the noise of our worries,
forget what happens to us,
forget even our name. Listen to us speaking
with the voice of day, and just let day-
light shine. When we've shrugged off all fear,
when death is naked transparency,
clear as summer nights,
and on the upward air
we vault unreal wind-pressed walls,
the river's sound is all you'll hear
beyond the forest; night's sparkling eyes
all you'll see...

*

When we'll speak with the nightingale's voice...

Philippe Jaccottet

La Raison

Je fais en haut des grâces de la main,
j'écris des mots dans l'air à la légère,
mais en bas le bas est peut-être atteint.
Du pied mort à l'oeil vif il n'y a guère,
on comprendra les distances demain.

Reason

My high hand makes fine patterns,
sends phrases kiting through the air,
but below, the base may not be solid.
There's nothing between fast eye and dead foot.
Tomorrow is for understanding distance.

Blessure vue de loin

Ah! le monde est trop beau pour ce sang mal enveloppé
qui toujours cherche en l'homme le moment de s'échapper!

Celui qui souffre, son regard le brûle et il dit non,
il n'est plus amoureux des mouvements de la lumière,
il se colle contre la terre, il ne sait plus son nom,
sa bouche qui dit non s'enfonce horriblement en terre.

En moi sont rassemblés les chemins de la transparence,
nous nous rappellerons longtemps nos entretiens cachés,
mais il arrive aussi que soit suspecte la balance
et quand je penche, j'entrevois le sol de sang taché.

Il est trop d'or, il est trop d'air dans ce brillant guêpier
pour celui qui s'y penche habillé de mauvais papier.

Wound seen from afar

The world's too beautiful for human blood
waiting to burst its flimsy wrappings!

The sufferer's gaze burns him, he says no,
no more love of moving light.
Flat on the ground, nameless,
his mouth says no, pushes horribly into earth.

Paths of transparency converge in me,
we'll long recall our hidden talks,
but it does happen that the scales aren't accurate,
and when I tip forward, I see blood-stained ground.

Too golden this gleaming trap, too much air
for someone wrapped in poor paper, watching there.

JOYCE MANSOUR

L'Autovaccin anti-mnémonique

La centripète rumeur prend naissance dans la brume
L'embryon claque les portes de l'envieuse matrice
Le cri-yatagan fend l'air le sang les yeux giclent
Dans la gorge bleue humide
De l'entonnoir Egypte
On dit que je naquis
Lourdement
En Angleterre
Mon père cheval mou
Pied-bot et pensée ventouse
Se mouvait en bureaucrate entre l'étranger et le tapis
Ma mère ne sut jamais que je fumais de gros cigares
La meute arrive haletante en retard pour l'hallali
Bouillies et gargouillements
Du paillasson
Cancer
Veuve à dix-neuf ans
Debout entre deux bougies
Je vis sur le drap rouge de mes paupières sèchement closes
Douze passeports inédits

JOYCE MANSOUR

Anti-mnemonic self-vaccination

New stirrings converge in the mist
The embryo slams the envious womb's door
Scimitar-cry splitting air blood eyes spurt
In the damp blue throat
Of Egypt's swallow-hole
I'm told I was born
Heavily
In England
My father gentle horse bureaucrat
Club-foot and limpet mind
Sent abroad or carpeted
My mother never knew I smoked big cigars
The breathless pack arrives late for the kill
Boiled food rumbling stomach
Matting
Cancer
Widow at nineteen
Standing between two candles
I saw on the red sheet of my closed dry eyes
Twelve unissued passports

Matériel réglementaire

Un homme qui paraissait
Aimer
La guerre
Manoeuvrait sa pelle
Sur le terrain de la minute heureuse
Arrache-lui son épée
Cria la belle fille
Elle n'était pas instruite au sens livresque
Du mot
Guerre
Buvez ça Général
Dit
Une de ces fariboles qui n'ont rien d'autre à faire
Que de balancer leurs préventions
Dans les ballons
Du grand vomi
Pâle gangrène des trottoirs
Inclinés
Il meurt dit la belle fille
Sonnez vos méchantes cloches
Gens de la rue moqueuse
J'entends haleter les drapeaux détrempés
Ses membres ne contiennent plus
Qu'un faible
Secret
Une sainte hébétude
Souvenir de la guerre
Ses yeux oiseaux de la bougie
Volent encore
Il meurt dit la belle
Cheveux épars dans le vent coulis
C'est la fête de quelqu'un fit
Une naïve éclopée
La fête
Le tocsin
Et quelquefois
La guerre

Regulation equipment

A man who seemed
To love
War
Was shovelling
The earth of that wonderful moment
Snatch his sword
Cried the pretty girl
She didn't know the learned meaning
Of the word
War
Drink that General
Said
One of those wasters with nothing else to do
Than fill great vomit-balloons
With their prejudices
Pallid corruption of sloping streets
He's dying said the pretty girl
Ring your nasty bells
People of mockery street
I can hear the gasp of the soaking
Ragged regimental colours
Now his limbs only have
A weak
Secret
A saintly vacancy
Memory of war
His eyes candle-flame birds
Steal about
He's dying says the girl
Hair blowing in the draught
It's someone's special day
Said a simple-hearted girl
With a limp
Special day
Alarm bells
And sometimes
War

Papier d'argent

Je veux vivre à l'ombre de ton visage
Plus hostile que le bois
Plus vigilant que Noé
Penché sur les flots
Je veux creuser des routes dans les lunaires collines
De ton corps
Allumer des feux dans le creux de tes paupières
Savoir te parler et partir quand il est temps
Encore
Je veux vivre lentement dans le jeu de ton décor
Flotter entre mère et père
Tel le sourire de l'écho dans la pénombre
Dévêtue
Etre l'étincelle de l'oreiller
Entendue par le sourd qui se croit seul
Cannibale
Je veux titiller de désespoir sous ta langue
Je veux être lys sur ton ombre légère
Et me coucher éblouie sous l'araignée
Bonne nuit Irène
C'est l'heure

Tinfoil

I want to live in the shade of your face
More hostile than wood
More vigilant than Noah
Attending to the Flood
I want to forge new routes in your body's
Moon hills
Light fires in the hollows of your eyelids
Know how to speak to you and when to leave
In good time
I want to live slowly in the movement of your scenery
Float between mother and father
Like echo's smile in shaded light
Undressed
Be the pillow's spark
Heard by the deaf man who thinks he's alone
Cannibal
I want despair to whet your lifted tongue
I want to be the lily on your light shadow
And lie down dazzled under the spider
Good night Iris
It's time

De l'âne à l'analyste et retour

Il était une fois
Un roi nommé Midas
Aux dix doigts coupables
Aux dix doigts capables
Et aurifères
Freud parlant du grand roi mythique dit
Tout ce que je touche devient
Immondices
Aux Indes on dit que l'avarice
Niche dans l'anus
Or Midas avait des oreilles d'âne
Ane anus anal
Dans «Peau d'Ane» de Perrault
Le héros anal
Le roi amoureux de sa fille
Le pénis fécal
Le sadique au sourire si doux
Possède l'âne qui vivant
Crache de l'or par l'anus
Et qui mort servira de bouclier contre
L'inceste
Jeux de miroirs
De verre et de vair
D'or et d'excréments
D'anneaux et d'anels
Anamorphoses
Dans le casino de l'inconscient
Le pénis paternel
Fait le guide

From an ass to an analyst and back

Once there was
A king called Midas
With ten culpable fingers
Ten capable fingers
For bearing gold
Speaking of the great mythic king Freud said
All I touch turns to
Shit
In India they say avarice
Nests in the anus
Now Midas had ass's ears
An ass anus anal
In Perrault's "Ass's Skin"
The anal hero
The king in love with his daughter
The faecal penis
The sadist with such a sweet smile
Has the ass which when alive
Shits gold
When dead becomes a shield against
Incest
Play of mirrors
Very light and vairy fur
Gold and excrement
Annulus and annulet
Anamorphosis
In the casino of the unconscious
The father's penis
Acts as guide

Voyez ô voyez
La peau de l'âne
La fortune du roi présente et future
Sur le dos de la princesse fait le mort
Ainsi l'or pur devient l'ordure
Tel le phallus scintillant enrobé de foutre gris
La princesse attend pour se dévêtir que le danger de
l'inceste
Passe
Bottom de Shakespeare fut âne l'espace d'un songe
Ainsi va la nuit et ma petite chanson:
âne
     anus
        anal
           analyse
               analyste
                  analogue

Look oh do look
The ass's skin
The king's present and future fortune
Acts dead on the princess's back
Thus pure gold becomes shit
Like the glinting phallus coated in grey spunk
The princess waits for the threat of incest to pass before
Undressing
Shakespeare's Bottom was an ass for the length of a
                                        dream
This is how the night and my little song go:
an ass
        anus
                anal
                        analysis
                                analyst
                                        analogue

Joyce Mansour

Caresser une plaie

Caresser une plaie
Une très ancienne blessure
Baiser ses lèvres d'une langue d'orties
S'emparer de la douleur
Sortie saignante comme une mariée
De l'abattoir
Râtisser les allées de la rancune
De ses ongles retournés
Cracher son sperme dans la gueule ouverte du tombeau
Comme autant de cailloux gris
Mitraillés sur la grève
Marée montante du souvenir
Fouetter le sang frais
Battre le beurre
Pain d'aspics
Bouches meurtries
Rouler le roc qui annonce l'hystérie
Dans la gorge ensablée
De sa haine
Tousser arracher ses poumons
Pétale après pétale
Sangsuer la mort sur son lit vertigo
Ouïr l'éblouissement jaune
Du cri
Dans le silence de la terre obscure
J'entends pleurer les morts

Gently stroke a wound

Gently stroke a wound
A very old sore
Kiss lips with a nettle tongue
Seize one's pain
Bleeding like a bride
In the abattoir
Rake the paths of spite
With bent-back fingernails
Spit sperm into the tomb's gaping mouth
Like so many grey stones
Burst on the beach
Rising tide of memory
Whip fresh blood
Beat butter
Aspic bread
Bruised mouths
Roll the rock which tells of hysteria to come
In the sandy throat
Of its hate
Cough rip out lungs
Petal by petal
Staggering to the bed leech out death
Hear the blinding yellow
Of the cry
In the dark earth's silence
I hear the dead weep

Clerté au-delà du ressac

La mer clapote dans l'oreille de la plage endormie
Proie suintante de l'algue oisive
Le ciel sonne creux comme un roc
Au réveil
Des petites vagues chuchotent et se dandinent
Dans une coupe plus vaste que les parois
De l'horizon
L'arche de Noé brise ses côtes sur la digue
La nuit est favorable aux nageurs qui prennent le large
A la poursuite du sillon qui s'enfuit
Seuls surnagent
Deux chevaux morts
Et le jouet-androgyne
Ils chassent à courre
Sur les crêtes ponctuelles bleues de plomb
Tandis que dans les allées moroses
Du profond minuit
La lune se pourlèche les babines

Beyond the breakers

The sea slaps the sleeping beach's ear
Prey oozing from lazy sea-weed
The sky sounds hollow like rock
On waking
Waddling little waves speak in whispers
In a vast bowl steeper than
The horizon's walls
Noah's Ark breaks its ribs against the pier
The night is good for swimmers heading out
Chasing the retreating wake
At the surface float
Two dead horses
And the androgyne-toy
They slip their reins
On punctual lead-blue crests
While in deep midnight's
Moody alleyways
The moon licks its chops

MARIE-CLAIRE BANCQUART

Portrait de Jonas avec femme

Pour une fois
un arc-en-ciel n'est pas exilé du tableau.

La mer veut bien se rappeler oranges primevères
tout ce qui tourne
dans la fête du monde.

La mer veut bien former le corps de la baleine
avaler l'homme l'entourer
de chair humide et bleue.

Pelage de mansuétude
la mer fait le gros dos sous la caresse d'îles
qu'elle orne de faveurs versicolores
avale
offre à Jonas.

*

Ouvrant sur le déluge du cosmos

respirant
contre le vent
une tempête avec ses vagues
Jonas renaît de la baleine

Pratiquant pour le monde
l'avance sur lumière
de sa nudité

MARIE-CLAIRE BANCQUART

Portrait of Jonah with woman

For once
a rainbow isn't exiled from the picture.

The sea's happy to remember oranges primroses
all that turns
in the world's festival.

The sea's happy to form the whale's body
swallow man wrap him round
with blue wet flesh.

Coat of gentleness
the sea arches its back caressed by islands
which it strews with maypole-colour favours
swallows
offers to Jonah.

*

Opening on to the flooding cosmos

breathing
against the wind
a storm with its waves
Jonah is born again from the whale

Undertaking for the world
the advance of his nakedness
on light

il donne à la feuille
des filtrages vert-jaune

à la diorite
surface lisse couleur de son sang.

Jonas
en laveur de cerises
pour les merles
marque une trace d'ongle sur l'absence.

*

Debout sur le granit

énumérant cadastre

avec l'étonnement en bandoulière
d'être homme
seul
tenant de ce qui ne dépend pourtant pas de l'homme

Placé sur l'orbe des trésors terrestres
debout
avec son lourd cerveau
il célèbre sa responsabilité séminale
entre l'arrondi de ses bras.

*

Il voudrait posséder son corps
aussi bien que l'éclat du monde.

Seulement
c'est le plus inconnu.

he passes the leaf
through yellow-green filters

he gives to diorite
a smooth surface colour of his blood.

Jonah
the man who washes cherries
for blackbirds
tracks absence with a finger-nail.

*

Standing on granite

compiling a Domesday Book

with his astonishment at being a man
slung across his shoulder
a man alone
taking after what doesn't depend on man

Placed on the orb of earthly treasures
standing
with his weighty brain
he honours his seminal authority
inside the curve of his arms.

*

He'd like to own his body
as much as the world's brilliance.

That's what is least known,
that's all.

Marie-Claire Bancquart

S'il pouvait contrôler
toutes les chimies de son estomac
calculer
la progression du sang à partir de son coeur hagard
entrer dans les replis des plèvres
il concéderait aux arbres une solitude
il donnerait campo à la bête à Bon Dieu.

Même:
s'il conduisait
comme un chien
sa moelle épinière.

*

Mais sans cesse enfermé
hors de lui.

On s'occupe
de sa respiration.

On gère
son entreprise à vivre.

Mille par mille
des volumes
sont lus à la machine dans son corps.

Il n'en lira jamais autant.

Il sera l'expulsé
qui possède le reste.

Il ressasse la mer
sachant son île
déshéritée d'une géographie profonde.

*

If he could control
his stomach's chemistries
chart
blood's course starting from his wracked heart
enter the pleura's folds
he'd grant the trees their solitude
he'd give the ladybird the day off.

Even:
if he treated
his spinal cord
like a dog.

        *

But endlessly shut in
outside himself.

One attends to
one's breathing.

One oversees
one's life endeavour.

Thousands upon thousands
of volumes
are machine-read in his body.

He'll never read so many again.

He'll be the castaway
who possesses the rest.

He churns over the sea
knowing his island
disinherited of deep geography.

        *

Pâles:

la forme sans mémoire
de la mère dans le miroir

la peau qui s'en va
tous les jours
sous la douche.

*

Il chercherait encore
de quel froid il parvint
sans mieux trouver.

Sinon cette femme
tout de même
très familière.

*

On dirait que toujours quelque chose proclame
une monnaie mal rendue au destin.

A la femme d'habitation
il dédie ce qui reste
après fatigue.

Donne-moi
l'impossible futilité des bêtes

le bonheur de se dire:
c'est le soir
je suis
dans mon corps en face d'un autre.

Le temps ne compte pas.

*

Pale:

the form with no memory
of the mother in the mirror

the skin disappearing
each day
in the shower.

*

He'd look again
to discover what coldness bore him
finding nothing better.

Except that
very familiar woman
all the same

*

It seems there's always something
which claims that destiny's been shortchanged.

To the woman at home
he dedicates all that remains
beyond fatigue.

Give me
the impossible futility of animals

the happiness of saying to oneself:
it's evening
I am
in my body facing another.

Time doesn't count.

*

C'est aussi parce que l'absence
loin des groseilles
garde une odeur acide

parce que presque rien
est notre garant.

Toi grand herbage imaginaire
on te désire
on dédale
creusant à l'intérieur des os les chantournures
d'un imperceptible animal

comme il en est dans les écorces
dessinant en forme de feuilles
un bref tourisme énigmatique.

*

Cela peut-être
sortira de moi.

Cela titubera devant les arbres
pour joindre
un réseau majeur de ce monde.

J'aurai droit au silence
dans le passé du loup et du cheval.

Quelquefois aussi
j'aurai tellement mal aux passeroses.

*

Also it's because absence
far from redcurrants
retains an acid smell

because almost nothing
stands surety for us.

Great imaginary grasslands
We desire you
caught in your labyrinth
chiselling in hollow bones the jigsaw
of an imperceptible animal

as happens in tree bark
outlining short enigmatic tours
in the shape of leaves.

*

Perhaps that
will issue from me

and lurch in front of the trees
then join
a major network of this world.

I'll have a right to silence
in the wolf's and the horse's past.

Sometimes too
the hollyhocks will cause me pain.

*

Pour toi qui fus au fond du rite

pour la chambre et le drap
pour le pain
pour le travail et la folie

j'aurai eu seulement
lignes interrompues dans une main qui ne se connaît pas
et qui vieillit

mais qui se tend
vers ta gloire

comme un désespoir en alexandrins très notables
qui finirait en fleuve
imprononcé
puis dans un grand apaisement des mers.

For you who were at the heart of the rite

for the room and the sheet
for the bread
for work for madness

I'll only have had
broken lines in a hand which doesn't know itself
and grows old

but stretches out
towards your glory

like despair written in noteworthy alexandrines
ending in an unpronounced
river
then in a great calming of seas.

Curriculum vitae

Ouvrir sa main
la poser sur
la vie qu'on a vécue

se dire c'est bien peu
une femme dont la réponse
est sous la main

faute d'interrogation improbable
ou parce que le sommeil
compte pour rien dans cette page

ni l'amour
ni la maladie
ni les chiffons à essuyer la table.

Juste des titres:
livres et moi.

Bon pour crier j'ai travaillé
avec ces chiens vite fourbus
appelant d'autres chiens
à mesure
pour débusquer l'améthyste et la rose.

Je touche
l'amertume de notre place
entre les objets trouvés du dedans
et ceux que le dehors impose à notre incertitude.

Curriculum vitae

Open one's hand
place it on
the life one's lived

tell oneself it's very little
a woman whose reply
is to hand

unlikely error in the questions
or because sleep
counts for nothing on this page

nor love
nor illness
nor cloths for wiping the table.

Just titles:
books and me.

Fit for shouting I've worked
with these soon exhausted dogs
calling other dogs
up to
flushing out rose and amethyst.

I touch
the bitterness of our place
among the objects found inside
and those from outside crowding our uncertainty.

Marie-Claire Bancquart

Le sel est froid.

Pourtant un alibi dort dans le poirier
avec l'oiseau de plomb
très lourd
qu'on installa pour faire pièce à l'absence de merle.

On habite par mots
la déshérence.

La tristesse passe
dans la maison étroite de la langue.

Comptoir inconfortable
notre corps
malgré tout
permet de s'accouder à l'enseigne du monde.

The salt's cold.

Yet an alibi lies dormant in the pear tree
with the very heavy
lead bird standing in
for the absent blackbird.

Words fill the space
meant for next of kin.

Unhappiness moves into
language's narrow house.

Uncomfortable counter
our body
despite everything
keeps us propped up in
the world's inn.

Dormeuse

Le chat de la maison n'a jamais vu la mer.

L'horloge cesse sans raison
de marquer l'heure
comme si elle était noyée.

Malaise
des choses familières.

Je tiens à bout de bras
d'inusables demandes.

La femme que j'invente en moi
souffre peut-être entre mon corps et la galaxie.

Woman asleep

The house cat has never seen the sea.

The clock for no reason stops
telling the time
as if it had drowned.

Discomfort
of familiar things.

I hold at arm's length
persistent demands.

The woman I invent in myself
suffers perhaps between my body and the galaxy.

Marie-Claire Bancquart

Mer

Gris. D'impalpables gouttes
s'en vont devant nos yeux comme une Genèse postdatée.

Pénétrant une profondeur parcourue de souffles
la mer mous demeura secrète à travers brume

et nous pensions au dieu seule convoitise des émigrants
qui menait l'exode au désert
jusqu'au pays où il se dissimula pour toujours
derrière un voile qui finit
par faire douter de l'énigme.

Marie-Claire Bancquart

Sea

Grey. Intangible drops
go away before our eyes like a postdated Genesis.

Criss-crossed with breath the deep sea
kept its secret from us behind mist

and we thought of the emigrants' only thirst
the god leading the desert exodus
to the land where he hid forever
behind a veil in the end
casting doubts on the enigma.

Baroque

Au bénitier le crâne en marbre noir
grandeur nature
cogne votre regard avec deux oeillets rouges dans ses
orbites.

Très proche
la terre dont il parle
avec ses meubles à elle et l'horloge sourde des insectes
proclame une citoyenneté familière des morts.

Baroque

At the font the black marble
life-size skull
hits you in the face with deep-socket red eyelets.

Very close
the earth it's speaking of
with its own furniture, its silent clock of insects
proclaims a citizenship known to the dead.

Contrefable d'Orphée

Voiler la sainte face
de ma femme.
Pouvoir me retourner sans tuer des abeilles.

N'avoir pas suscité
risque de leurre
en descendant l'ombre déclive de la mort.

Etre encore au jeune moment
où des sucs de bourgeons
naissaient parmi les lèvres d'Eurydice.

Grouper bêtes et astres
autour d'un chant ductile
aux cris de procession et d'aube.

C'est fini: le dieu sec
a capturé la fraîcheur de mes vignes.
Je hais l'avidité de la vendangeuse qui va
derrière
au même pas que moi
coupant les grappes de mes notes entre ses dents
pour barbouiller ses joues de fards interdits à mes lèvres.

Counterfable of Orpheus

To veil the saintly face
of my wife.
Able to turn around without killing bees.

Not to have set
a possible trap
by going down death's sloping shadow.

To be at that young moment still
when bud sap
rose in Eurydice's lips.

To gather beasts and stars
round beckoning song
with marching sounds and sounds of dawn.

It's over; the dry god
has captured the freshness of my vines.
I hate the wine-harvester's greed as she
follows
dogging my steps
biting through the bunches of my notes
smearing her cheeks with rouge my lips aren't allowed.

Et contrefable d'Eurydice

Le gonflement du miel
quand il m'embrassait pénétrait mon corps.

Lions et lièvres
baissaient leurs cils avec les miens.

Mais le dieu d'outre-sang
a délicieusement gelé mon paysage.

Pris dans la vitre il déroulait
pour toujours la fleur de ses notes.

Orphée le prédateur va devant moi
restaure à chaque pas les cils prêts à tomber
le corps en usure de sang
la peau tiède et ternie d'Eurydice voguant en vieillesse.

J'écarte désormais moiteur exil mûrissement.

J'appelle cet échange interdit de regards
pour retrouver
non le visage de l'amour
mais celui du destin qui m'exaltait dans le mica des
                                        mortes.

And Eurydice's counterfable

The honey swell
when he embraced me filled my body.

Lions and hares
lowered their eyelashes with me.

But the god of beyond bursting blood
has frozen my landscape deliciously.

Caught in the window-pane he unfurled
the flower of his notes forever.

Orpheus the predator goes before me
with each step restores eyelashes close to falling
blood-spent body
Eurydice's warm faded skin drifting in old age.

From now on I reject exile ripening sweat.

I ask this forbidden exchange of looks
to find again
not the face of love
but of destiny which exalted me in the crystal of dead
women.

Disparus

Ils ont toute la mort pour ne plus nommer
Montmartre et le son des voitures.

Dans la maison qui leur fut journalière
une femme secoue le ménage
et noue de lents rideaux.

Des communiqués montent
sur l'immobilité des herbes au balcon.

Un petit doigt remue dans notre coeur
avec les reflets de Paris
désormais
pour eux intraversables.

The Vanished

They've got the whole of death never
to name Montmartre again and traffic sound.

In the house which was theirs every day
a woman shakes things
and ties slow curtains.

Communiqués are sent up
about the balcony's still plant-life.

A small finger wags in our heart
glinting with the lights of Paris
from now on
out of bounds for them.

Marie-Claire Bancquart

Epitaphe

Ça a dispersé soupçonné
salivé
présenté sa vie pour le mieux

ça a pressé ses membres contre d'autres

même
ça aimait tant les chats et les platanes

et puis ça avait peur

avec raison
puisque maintenant c'est en boîte
devant des condoléants pressés d'en finir.

Marie-Claire Bancquart

Epitaph

It dissipated suspected
salivated
presented its life in the best light

pressed its limbs against others

even
adored cats and cool trees

it was frightened as well

for good reason
as now it's in a box
in front of mourners glancing at watches.

Ville

Lis des vers qu'un poète écrivit dans l'exil de sa ville.

Pose tout doucement le doigt sur un plan de Paris.

Suaves
mémoires d'Occident!

Anamorphoses de cités magiques
avec les grandes friches de vos macadams
et vos juins éternels de fleuristes!

Faites que ma voix ne s'élève pas pour des *Tristes* et des
Pontiques
chez des hommes et des herbes terriblement simples
qui ne rêvent jamais au poète
seul parmi eux comme un pendu chez les colombes.

Ici du moins
on met des noms sur les tombes.

Dessous
ils ne répondent plus.

Ils ne font pas non plus retour
malgré nos voeux
à la tranquillité de l'avant-naître.

Il leur est arrivé
la déliaison avec tout.

Du moins nous annotons les marges
de leur énigme.

Marie-Claire Bancquart

Town

Read some lines a poet wrote in the exile of his town.

Gently place a finger on the map of Paris.

Sweet
memories of the West!

Deformation of magic cities
with fallow lands of tarmac roads
and flower-sellers' endless Junes!

See that I don't raise my voice to speak of *Sadness* and
Black Seas
among terribly simple men and plants
who never dream of the poet
alone among them like a hanged man among doves.

Here at least
names go on tombs.

Below earth
they don't answer.

Nor do they ever return
despite our wishes
to the peace before birth.

They've been released
from all attachments.

We make notes at least
in the margins of their enigma.

ANNE-MARIE ALBIACH

«Théâtre»

LA DISTANCE, L'OUVERTURE

l'explication des centres
le genre

double

la distance exacerbe le mouvement
dans la PAROLE que tu lui donnes

: le geste *dévore*

une fiction blanche reprend sa ponctualité

indistincts ils élaborent des retraits partiels

ANNE-MARIE ALBIACH

"Theatre"

DISTANCE, OVERTURE

explanations of centres
genre

double

distance exacerbates movement
in the WORD you give it

: the act *devours*

a blank fiction claims back its exactitude

indistinct they set in action partial contractions

DENOUENT DES LIENS ACCESSIBLES

leurs genoux: une faiblesse

acuité: elle subordonne les emprunts

une ponctuation de la réversibilité

conjonction

minimise

récidivée s'absente
dans une projection

cercles de tension

«tu renoues avec la terreur»

en contrepoint   *carte*

«   *il parcourt parfois ce chemin»*
          paralysie

UNTIE ACCESSIBLE BONDS

their knees: a weakness

acuity: subordinates the borrowings made

a punctuation of reversibility

conjunction

minimises

an offender again it is projected
into its absence

circles of tension

you take up again with "terror"

in counterpoint   *map*

"   *sometimes it travels this road"*
paralysis

Anne-Marie Albiach

«la lecture se fait dans la proximité nocturne»

VIOLENCE:

«la distance est là
    sa discontinuité»

leur parole serait-elle transmise

    : tel passage
    d'une chevelure à une autre

    VISAGE

                du répit
«la lumière traverse la composition»

       ponctuée

ils donnent leurs circonférences

"reading happens in the nearness of night"

VIOLENCE:

"the distance there is
        its discontinuity"

should their word be transmitted

        : such a passage
        from one head of hair to another

        FACE

                                        respite
"light passes through the composition"

                punctuated

they offer their circumferences

Anne-Marie Albiach

dans la remémoration

sur un terrain sans perspective

se prête à des plaisirs factices

doublure

elles évincent la scène: une voix cerne

l'abstraction du dire
une Surface

in recollection

on grounds lacking perspective

gives itself over to artificial pleasures

understudy

they empty the stage: a voice closes in

abstraction of statement
                    a Surface

Anne-Marie Albiach

ils obscurcissent une ouverture

VOILE

personnages: le lieu est ouvert
        à l'adhésion

fiction: elle atteint les degrés de l'EXCES
       dans le geste «les pierreries» «obole»

         adonné aux mutilations

      imparfait:

        : une distorsion indéfinie
      et péremptoire

    «à cet instant»

«elles portent cette lamentation
dans l'acuité»

they hide an opening

VEIL

characters: the place is there
                        to be joined

fiction: it climbs the rungs of EXCESS
                        in the act "stones" "coin"

                            given to mutilations

    imperfect:

                :an imperfect and peremptory
       distortion

    "at this moment"

*"they make this lamentation
become shrill"*

Anne-Marie Albiach

le retrait de la parole et du regard

une géographie des lignes:

cris   dans le *froid*

«vision»
                        tel écartèlement

    point entre les dénivellations
incertaines

le contour permet la précision
dans les graduations des attraits oniriques

en pointe: les arcades ouvrent à une
                obscurité qui détermine

«froissés d'embruns péremptoires: inclinaison»

fragments marins   dans le baroque
                une juxtaposition

LES COULEURS
            DETERMINENT UNE SURFACE

                                sur un diamètre
    la dualité

the contraction of word and look

a geography of lines:

cries   in the *cold*

"vision"
                    such tearing apart

                    point among uncertain
          slopes

the contour allows precise grades
on the scale of oneiric attractions

          jutting out: the arches open onto
                    a determining darkness

          "beaten by peremptory spray: incline"

          sea fragments   in the baroque
                              a juxtaposition

COLOURS
          DETERMINE A SURFACE

                              on a diameter
          duality

Anne-Marie Albiach

disparition de l'Autre

«elles n'auraient pas peur de la nudité»

L'EVANOUISSEMENT DE LA PERSPECTIVE

la sonate

spectateur: le dos, dans   le baroque

                    :   le
              paysage

              ouverture

chiffré
    le déportement des lignes

ou complexité de désintégration

                    éteint les Eclats

disappearance of the Other

"they would not be afraid of nakedness"

EVAPORATION OF PERSPECTIVE

sonata

spectator: his back, in   the baroque

:   the

landscape

overture

figured

the line's excesses

or complexity of disintegration

extinguishes Brilliance

Anne-Marie Albiach

: un passage est   ouvert ou clos

la page accentue la distance

dans le Verbe

Sacrificiel

Anne-Marie Albiach

: a passage is   open or closed

the page accentuates distance

in the Verb

Sacrificial

Anne-Marie Albiach

CERCLES

un ornement de figure géométrique

cercles sur la poitrine

l'exécution
elles lèvent le bras dans les draperies

proximité
des contraintes précises

«leur dialogue»

terres: on y parvient par le chemin manuel

la déperdition: pour une juxtaposition
qui leur est propre

dans les degrés

la perte:

: l'écriture joue sa figuration

«*le neutre menace*   »

dualité: la division opère

CIRCLES

ornament of a geometric figure

circles on the breast

execution
they lift their arms among the hangings

nearness
of exact constraints

"their dialogue"

lands: reached by the hand's path

erosion: for a juxtaposition
peculiar to them

on the way

loss:

: writing acts its part

"neutral threat   "

duality: division operates

Anne-Marie Albiach

la mer envahit la chambre ouverte

déperdition d'un engendrement

un ordre risque de s'établir
dans la claustration

le retour d'une identité multiforme

occlusion: dévoration et ouvertures

«bruits»

: l'éclipse

des voix

LEUR INTERROGATION PERSISTE

«une lame réversible
ajustée matinale
que la nuit révèle»

188

the sea invades the open room

lost begetting

order might be established
in close confinement

the return of multiform identity

occlusion: ravening and overtures

"noises"

:the eclipse

of voices

THEIR INTERROGATION PERSISTS

"a wave which can be turned back
made ready in the morning
revealed by night"

DANIELLE COLLOBERT

III

Comme mort le texte enfoui
quand réduit muet — rendu — seul dans son espace
— se raconte — s'improvise faits et gestes — banissement
solitaire — s'éparpille — dilaté — son corps en
expansion — en futur — voudrait vivre de sa propre
articulation — le tout jusqu'à la fin — espère — espère
se suffire jusqu'à la fin d'imaginaire parole

DANIELLE COLLOBERT

III

As if dead the buried text
wordless when reduced — rendered — alone
in its space — accounts for itself — improvises
its facts and gestures — solitude of exile —
scatters itself — dilated — its body swelling —
burgeoning — wanting to live from its own
articulation — the whole of it to the end —
hopes — hopes to be self-sufficient until
the end of imaginary speech

Danielle Collobert

capture imaginaire
dire à soi
à l'oeil son regard
retourne le gant d'angoisse
dénuement à l'être

imaginary catch
self-address
self-regarding eye
the glove of anguish turned inside out
aridity of so being

Danielle Collobert

aux environs du calme
extinction d'images
ne se raccordent plus les bribes
errements — chaînes d'opaque

extinguished images
surrounding calm
the snippets no longer match
bad habits — opaque chains

au choix
plus de choix

bloqué d'obscurité silence
réduit à l'inertie sommeil
reste derniers les rêves — des cloques
mots dispersés — images — relents d'images — faire
avec — soumis — brouillage progressif — vivre dans
ses nuits — au noir — s'enfoncer — les mots de la
folie

Danielle Collobert

a choice
end-
less choice

silence blocked by darkness
sleep reduced to inertia
lives as last dreams — blisters
scattered words — images — images slowing — to make
do — tamed — growing interference — to live in its
nights — in the dark — to sink — words of madness

Danielle Collobert

commence l'écriture
parcours des hachures
description du discontinu
diagrammes des cris — les courbes de niveau — les
traces d'humide — d'apaisement — il dessine les restes
de cohérence — patience — longue patience de la
reconnaissance

begins writing
contour of lines
description of discontinuity
diagrams of cries—gradient curves—traces
of what is humid—of abatement—
it draws the remains of coherence—patience—
the long patience of acknowledgement

Danielle Collobert

dans ses ruines fouille — ce qu'il trouve — dissous
poussière au jour — à la lumière
à peine entrevues disparues les images
reste les monolithes
les grandes pierres
marques du temps
condensation soudaine de la douleur

searches its ruins—what it finds—powdered
dust in the light—of day
images no sooner glimpsed than gone
endures as monoliths
great stones
markers of time
sudden condensation of pain

Danielle Collobert

monolithes silencieux — gravés en surface — signes
intraduisibles — cherche autour — l'espace — cherche
son corps confus — invente les traductions possibles —
conjugue barré le verbe — être sans sujet

toutes les formes du négatif — ou béance — l'informel
— images absentes du temps — accessibles par
reconstruction — reproduire la durée par blocs — autour
silence — dans l'intervalle perdues les traces de vie

silent monoliths — engraved on the surface —
untranslatable signs — looks around — space —
looks for its confused body — invents
possible translations — conjugates the struck out
verb — to be without subject

all forms of the negative — or void — the
indefinite — absent images of time — accessible
by rebuilding — to reproduce blocks of
duration — around silence — traces of life
lost in the interval

terrains mouvants — les sables — là où il s'est enfoncé
— disparu du sol

profond — dans sa terre ses fouilles — pyramide sou-
terraine inversée — au coeur — enclos — sa naissance
peut-être — ou terminal — son arbre — sa voix résonnant
— sourd — contre les parois — ses objets déposés
autour — ses possessions — colliers de mots — anneaux
de syllabes — pectoral du souffle — métaphores
d'archéologie la mémoire des restes
— l'écriture retournée

shifting ground — sands — there where it sank —
vanished from the surface

deep — excavations in its soil — inverted
underground pyramid — at the heart — enclosure —
its birth perhaps — or ending — its tree — its
voice resounding — deaf — against partition walls —
its objects placed around — its possessions — necklaces
of words — rings of syllables — chest muscle of
breath — archaeological metaphors memory of remains —
writing reversed

Danielle Collobert

mains ouvertes — comme bouche — déjà vu — ouvertes
à dire
mains refermées sur les mots
à saisir de son corps — parcelles de chair
sa chair
les nerfs de l'écrit

open hands — like mouth — déjà vu — open
for speech
hands closed over words
to snatch from its body — fragments of flesh
its flesh
nerve patterns of writing

Il donc — s'incarne
possible la voix — au calme du déchirement — la
transcription
quelque part métamorphose des os

brisé — poudreux — quelque part calcifié — de chaux
vive — fut bâti — blancheur des mots — leur devenir
— ossements

It then — fleshed out
voice made possible — in the calm of tearing
apart — transcription
somewhere the metamorphosis of bones

shattered — powdery — calcified somewhere —
quicklime — was built — candour of words —
their future — bones

Danielle Collobert

à moins que rouges des plaies
l'encre — vitale
l'incision
de quoi écrire — s'il en reste — juste au seuil — avant
l'épuisement — s'ouvrir des mots
....

unless red from wounds
ink — vital
incision
something to write with — if anything is left — just
at the threshold — before reaching the end —
to free some words
....

Danielle Collobert

sujet le nom — au corps
la verticalité du visible
entouré de vision infiniment
transmis

tant qu'identifiable
rejeté sur les mots
le lit du temps
couché là — l'espace horizontal délié

the noun subject—on the body
vertical visible
surrounded by infinitely transmitted
vision

as long as identifiable
thrown back on words
time's couch
lying there—horizontal space undone

Danielle Collobert

à corps — se sait perdu — différé
à l'usure — la mort permanente
s'écartant les mots — pris la place — occupé d'espace
verbal — toujours plus loin — dans la douleur — sa
transparence

as body — knows it is lost — postponed
for future wear — permanent death
words withdrawing — taken the place — occupied
by verbal space — always further — into pain —
its transparency

du silence — un paysage muet
corps muet
échangé contre l'articulation
l'énoncé

sa chair enfin incrustée dans la parole
sa chair — dans la chair du visible

silence — a wordless landscape
wordless body
exchanged for articulation
utterance

its flesh finally inlaid with speech
its flesh — in the flesh of the visible

Danielle Collobert

Il donc — émigré
transcrit

It then—emigrated
transcribed

JEAN DAIVE

j'ai erré

j'ai erré
entre refus et insistance
regardant par la terre

neiger
le nom défaire la forme
la fonte l'avalanche
                    refaire l'absence

JEAN DAIVE

a nomad

a nomad
between refusal and insistence
I've watched

snow fall
name dissolve form
thaw of avalanche
                absence restored

Jean Daive

perdue dans la contemplation

perdue dans la contemplation de sa fin
la négation se détache d'elle-même

et commencement dans le commencement
l'eau qui la rêve
et la dispose dans le dédale de l'invisible
cherche la lisse perfection de la mer

sur les sols (les séjours)
qu'un obscur appareil inonde
glisse un linge d'eau
qui métamorphose le savoir
en loque élémentale

Jean Daive

lost in contemplation

lost in contemplation of its end
negation stands outside itself

beginning in the beginning
the conjuring water
sets it out in the blind maze
seeks the ocean's smooth perfection

on the lands' dwelling places
flooded by a dark device
a linen spread of water
works knowledge into
an elemental rag

Jean Daive

il substitue l'espace

il substitue l'espace à un meuble
qui contient toute la lumière
il en ouvre les tiroirs infinis
les habite
les ferme
et monte monte
jusqu'à la chambre close
où le ciel cherche ses astres
et la lune ses marées

Jean Daive

space instead

space instead of furniture
full of light
space's huge drawers opened
inhabited
shut
and then up up
up to the closed room
where the sky seeks its stars
the moon its tides

Jean Daive

je me lève du fond

je me lève du fond de ma ressemblance
à la limite de l'énigme

soir après soir
j'ai disparu je disparais

elle s'éblouit
elle tombe dans le tissu du froid

Jean Duive

I rise from the depths

I rise from the depths of my resemblance
at the very edge of enigma

evening after evening
I have vanished I vanish

blinded resemblance
falls back into cold's fabric

Jean Daive

je vis s'évanouir

je vis s'évanouir sous le vent
la dernière lueur le dernier soir
dans le prolongement de la lumière

alors l'aile fut plus lente
et l'angle plus large

en travers du ciel
la tache déplia l'arbre l'eau

de l'autre côté
nulle feuille

under the wind

under the wind I saw
the last evening's last glimmer
ghost into long light

then wings were slower
angles wider

across the sky
a stain unfolding tree water

on the other side
not a leaf

Jean Daive

Une femme mesure

Une femme mesure.

Une femme en écartant les bras
reporte des longueurs ou
des proportions.

Elle estime
le sommeil de cet homme qui ne
dormira jamais plus.

Il faut savoir que
tout commence
par l'agrandissement
photographique
d'une
virgule.

Cela
trame un son.

Un ralenti
soudain,
ce liquide le long d'une lumière
pour une photographie
à dominante grise.

Ce que tu regardes est composé
d'un homme et d'une femme
justement.

Fauteuil. Assis dans un coin.
Tu es seul dans la salle. Tu fumes
peut-être, les genoux sous le menton.

A woman measures.

A woman measures.

A woman spreading her arms
transfers lengths or
proportions.

She values
that man's sleep who won't
ever sleep again.

Know
that everything begins
with the photographic
enlargement
of a
comma.

Which
plots a sound.

A sudden
slowing,
this light-length liquid
for a predominantly
grey photograph.

What you're looking at is composed
of a man and a woman
exactly.

Armchair. Seated in a corner.
You're alone in the room. You're smoking
perhaps, knees drawn up.

Tu entres
de nouveau seul
dans un
son de rue.

Tu vois des ombres bleues
courir
et dans le viseur
la viande.

Une suspension de mots
à dominante grise.

L'essence teintée de rose
autour d'une maison
afflue.

Le jardin brûle.

Une pierre tombe
et tu n'es pas plus lourd.

Une fin se profile
comme après l'histoire d'une passion.

Mais un sens cinétique du monde est évité.

Et le besoin retrouvé
de l'isolement.

Ton fauteuil
lui aussi
ne s'articule-t-il pas
à ce que veut dire l'auteur?

Tu souris. Tu perçois une séparation.

Comment anticiper
le bégaiement,
un système de coordonnées?

Alone once more
you enter
the sound
of a street.

You see blue shadows
run
and in the viewfinder
the meat.

A suspension of words
mostly grey.

Pink tinted spirit
floods
round a house.

The garden burns.

A stone falls
and you're no heavier.

An end takes shape
like the sequel to a passion.

But a kinetic sense of the world is avoided.

And the need found again
for isolation.

Doesn't your armchair
attach itself
also
to what the author wants to say?

You smile. You perceive separation.

How to anticipate
stuttering,
a system of co-ordinates?

Jean Daive

Le monde d'un film
d'une très longue durée
ne te soustrait pas.

Parce que
ce monde n'est pas celui
qui entre dans tes yeux.

C'est la fin du jour. C'est la fin des sous-titres.

L'obscurité n'a pas de poussière
comme la femme.

Latéralement
la fumée ondoie
à l'image
d'un pouls.

Plus tard.

Une fatigue dans la chambre et dans
le lit le temps est inengendré.

The world of a very long film
doesn't diminish you.

Because
that world isn't the world
which enters your eyes.

End of the day. End of subtitles.

Darkness doesn't have dust
like woman.

From the side
wave upon wave of smoke
in the image
of a pulse.

Later.

A tiredness in the room and
in the bed
time is unbegotten.

Elle ne bouge pas

Elle ne bouge pas. Prend la main
de l'homme.

Imagine
sans pouvoir rien changer à l'étendue
son mouchoir: celui qui
couvre le coeur
à la manière
d'un espace.

Eclair de chaleur.

Tout obéit à des signes.
Ils n'empêcheront pas une fin émotionnelle.

Mystiquement
elle a oublié, elle oublie encore.

D'un geste malade, comme
pour annoncer son impatience
elle applique
sur les joues
une crème bleue.

Elle rêve là devant le soleil
un quelconque décor de Noël
sous la neige.

Elle rentre. La chambre. L'homme.
Le miroir.

En blouse flottante
ouverte
sur la gorge
qu'elle a très blanche.

Elle ne bouge plus.

Découvre.

Une lumière, un son entrent.

She does not move

She does not move. Takes the man's
hand.

Unable to change its area
imagines
his handkerchief: the one
covering the heart
like
a space.

Flash of heat.

All obeys signs.
They will not prevent a tearful ending.

Mystically
she has forgotten, still she forgets.

With a sickly gesture, as if
announcing her impatience
she applies
to her cheeks
a blue cream.

She dreams there facing the sun
an ordinary Christmas décor
beneath the snow.

She enters. The room. The man.
The mirror.

In a floating blouse
open
to her very white
breast.

She moves no more.

Uncovers.

A light, a sound.

Clarté venue de la peau
imparfaitement tranquille.

Vivre.
Lèvres saignent.

Disposition sans nécessité
des personnages du drame.

Chacun trouve l'audition de l'autre.

Ils se regardent.

Elle approche
de son front
la vie nerveuse d'un peigne
trempé
de l'eau
d'un poisson rouge.

L'hystérie mademoiselle.

Inanimée
jusqu'à la fin de la nuit.

Sans autre respiration que la barque d'un rameur.

Lucidity of skin
barely at rest.

Seize life.
Lips bleed.

The players' unforced moves
in the drama.

Listening to each other, finely tuned.

Looking at each other.

She brings
to her forehead
a comb's tense life
soaked
in the water
of goldfish.

Her young hysteria.

Lifeless
to the end of night.

Only the breathing of oars.

Notes on the Poets

Jules Supervielle

1884–1960. Born in Montevideo, Uruguay. Went to France at age of ten. Early literary associations with Gide, Valéry, Rivière and Rilke. Also novelist, story writer, playwright. Principal collections of poetry: *Gravitations* (1925), *Le Forçat innocent* (1930), *Les Amis inconnus* (1934), *La Fable du monde* (1938), *Oublieuse Mémoire* (1949), *Naissances* (1951), *L'Escalier* (1960).

Pierre McOrlan

1882–1970. Born in Péronne. Distant Scottish ancestry. Prolific poet and novelist of cities and ports of Northern Europe. Principal collections of poetry: *Oeuvres poétiques complètes* (1919), *L'Inflation sentimentale* (1923), *Chansons pour accordéon* (1953), *Poésies documentaires complètes* (1954).

Robert Desnos

1900–1945. Major figure in 1920s Surrealism. Broke with its leader André Breton in 1930. Radio work, film scripts, poems for children. Long poem *Fantômas* broadcast in 1933, music by Kurt Weill. Active in the Resistance, arrested in 1944 and sent to Buchenwald. Died in Terezine concentration camp, Czechoslovakia, shortly after the Liberation. Principal collections of poetry: *Corps et biens* (1930), *Fortunes* (1942), *Contrée* (1944), *Destinée arbitraire* (1975).

Jacques Prévert

1900–1977. Born Nueilly, Paris. Arguably France's best known poet of this century. Member of Surrealist movement in late 1920s. Wrote, acted and directed for theatre company *Groupe Octobre* in 1930s. Several film scripts, some now classics, including *Quai des brumes, Le Jour se lève, Les Visiteurs du soir, Les Enfants du paradis*. Many poems set to music by Joseph Kosma, including *Les Feuilles mortes (Autumn Leaves)*. Principal collections of poetry: *Paroles* (1946), *Spectacle* (1951), *La Pluie et le beau temps* (1955), *Histoires* (1960).

Louise Herlin

Born 1925, in Cairo, of Italian parents. Educated Brussels and University of Florence. Lived for two years in London, working for the BBC. Then studied English at the Sorbonne. Two years in the USA. Returned to Europe in 1955. Now lives in Paris. Principal collections of poetry: *Le Versant contraire* (1967), *Commune mesure* (1971), *Crayons, le béton la plage* (1981).

Philippe Jaccottet

Born 1925, in Moudon, Switzerland. Studied at University of Lausanne. Went to Paris in 1946 as representative of Swiss publishers Mermod. Was regular contributor to *Nouvelle Revue Française*. Now lives in the Drôme. Principal collections of poetry: *Requiem* (1947), *L'Effraie et autres poésies* (1953), *L'Ignorant* (1958), *Airs* (1967), *Leçons* (1969).

Joyce Mansour

1928–1986. Born in Bowden, England, of Egyptian parents. Most of early life in Egypt. Settled later in Paris. Much influenced by Surrealism, especially Breton. Contributed many poems to Surrealist reviews such as *Le Surréalisme même*, *La Brèche*. Principal collections of poetry: *Cris* (1954), *Déchirures* (1955), *Rapaces* (1960), *Carré blanc* (1965), *Ça* (1970), *Faire signe au machiniste* (1977).

Marie-Claire Bancquart

Born 1932. Academic career. Currently teaches at the Sorbonne. Has written studies of 19th Century French novelists and short story writers, including Maupassant. Principal collections of poetry: *Proche* (1972), *Cherche-terre* (1977), *Mémoire d'abolie* (1978), *Partition* (1981), *Opportunité des oiseaux* (1986), *Opéra des limites* (1988).

Anne-Marie Albiach

Born 1937. Founding editor (with Claude Royet-Journoud and Michel Couturier) of review *Siècle à mains*. Lived in London for some years during 1960s. Has translated various American poets. Principal collections of poetry: *Flammigère* (1967), *État* (1971), *"H II"linéaires* (1974), *Le Double* (1975), *Césure: le corps* (1975), *Objet* (1976), *Mezza Voce* (1984).

Danielle Collobert

1940–1978. Principal collection of poetry: *Meurtre* (1964), *il donc* (1976), *Cahiers 1956–1978* (1983), *Recherches* (1990). Worked in journalism.

Jean Daive

Born 1941. Lives in Paris. Poems appeared from late 1970s in reviews. In 1970, founded review *Fragment*, which published works by Bernard Noel, Roger Giroux and German poet Paul Celan. Principal collections of poetry: *Décimale blanche* (1967), *Le Cri-cerveau* (1968), *L'Absolu reptilien* (1970), *Devant la loi* (1970), *Monde à quatre verbes* (1970), *Le Palais de quatre heures* (1971), *Narration d'équilibre* (1990).

Acknowledgements

Poems in this anthology have been selected from the following collections, and we make grateful acknowledgement to their publishers:

JULES SUPERVIELLE: *Débarcadères*, Editions Gallimard, 1956. PIERRE MCORLAN: *Poésies documentaires complètes*, Editions Gallimard, 1954. ROBERT DESNOS: *Fortunes*, Editions Gallimard, 1945; *Corps et Biens*, Editions Gallimard, 1953; *Destinées arbitraires*, Editions Gallimard, 1975. JACQUES PREVERT: *Paroles*, Editions Gallimard, 1946; *La Pluie et le beau temps*, Editions Gallimard, 1955. LOUISE HERLIN: *Crayons, le béton la plage*, Le Nouveau Commerce, 1981. PHILIPPE JACCOTTET: *L'Effraie et autres poésies*, Editions Gallimard, 1954; *L'Ignorant*, Editions Gallimard, 1958; *Airs*, Editions Gallimard, 1967; JOYCE MANSOUR: *Carré blanc*, Actes Sud 1991 (first published by Le Soleil Noir, 1965); *Faire signe au machiniste*, Actes Sud, 1991 (first published by Le Soleil Noir, 1977); MARIE-CLAIRE BANCQUART: *Opportunité des oiseaux*, Editions Pierre Belfond, 1986; *Opéra des limites*, Librairie José Corti, 1988. ANNE-MARIE ALBIACH: *Mezza Voce*, Flammarion, 1984. DANIELLE COLLOBERT: *il donc*, Editions Seghers/Robert Laffont, 1976. JEAN DAIVE: *Décimale blanche*, Mercure de France, 1967; *Narration d'équilibre*, P.O.L., 1982.

4/94

NEW HANOVER COUNTY PUBLIC LIBRARY
201 Chestnut Street
Wilmington, N.C. 28401
Failure to return
Library material
is a crime   --
N.C. General
Statutes # 14-398

GAYLORD
S

NLib